힌두 바로보기

베다, 힌두교, 힌두뜨바

이 책은 2017년 정부(교육부)의 재원으로 한국연구재단의 지원을 받아 수행된 연구의 성과물임 (NRF-2017S1A6A3A02079749).
This work was supported by the National Research Foundation of Korea Grant funded by the Korean Government (NRF-2017S1A6A3A02079749)

힌두 바로보기

베다, 힌두교, 힌두뜨바

인도의 대전환 총서 008

꿈 로이, 꾸날 짜끄라바르띠, 따니까 사르까르 지음

명남 옮김

THE VEDAS

HINDUISM

HINDUTVA

HU:iNE

인도연구소

목차

베다 시대를 찾아서

스므리띠, 뿌라나, 힌두교

힌두뜨바

감사의 말씀

저희 출판사는 이 책의 서문을 써 주신 로밀라 타빠르 교수님께 깊은 감사의 말씀을 전합니다. 이 책의 첫 번째 장, **베다 시대를 찾아서**는 꿈꿈 로이 교수님, 두 번째 장, **스므리띠, 뿌라나, 힌두교**는 꾸날 짜끄라바르띠 교수님, 마지막 장, **힌두뜨바**는 따니까 사르까르 교수님이 각각 작성해 주셨습니다. 이 중에 두 번째 장은 본래 벵갈리어로 쓰였던 것을 스레야시 다스띠다르가 영어로 번역한 것입니다. 소우믹 난디 마줌다르와 빠르베즈 까비르는 첫 번째 장과 두 번째 장의 시각 자료를 담당했습니다. 산짜얀 고시와 소우믹 난디 마줌다르는 마지막 장의 시각 자료를 준비했습니다. 이 책에 사용된 시각 자료들은 책의 마지막 부분에 정리되어 있습니다. 하인리히 뵐 재단과 우리 에봉 알랍 출판사는 협력관계에 있으며 이 책의 벵갈리어 버전과 영어 버전을 공동으로 준비했습니다.

하인리히 뵐 재단은 독일 녹색당 산하 재단으로 베를린에 본부를 두고 있습니다. 하인리히 뵐 재단은 독립적으로 정치운동을 펼치며 지적 개방에 앞장서고 있습니다. 재단의 주요 목적은 독일과 해외에서 행해지는 정치적 교육을 후원함으로써 민주적 정치 참여를 촉진시키고 사회정치적 행동을 촉구하며 타 문화에 대한 이해를 함양시키는 데에 있습니다. 재단은 또한 예술, 문화, 과학, 연구, 상호 발전적 협조 관계를 지지합니다. 재단의 행동 강령은 생태학, 민주주의, 결속, 비폭력이라는 근본적인 정치적 가치들을 따릅니다. 재단은 다양한 프로젝트 파트너들과의 공동 작업을 거쳐 생태적, 시민적 행동주의를 세계적인 차원으로 끌어올리고 서로 다른 생각과 경험을 공유하며 변화에 대한 민감성을 고취시키려 노력하고 있습니다.

하인리히 뵐 재단의 인도 지국은 2001년 중반에 문을 열고 행동을 개시했습니다. 그 이후로 달리뜨, 무슬림 달리뜨, 삼림 조합, 어민 조합, 반反 광산 조합, 생태 민주 그룹, 회사 범죄에 맞서 싸우는 조직체 등과 동맹을 맺어 여러 형태의 커뮤널리즘에 대항하는 세속적 집단행동을 펼쳐 왔습니다. 이 결과 수많은 연합체가 북부, 중부 인도에 설립되어 다른 지역에까지 영향을 미칠 수 있었습니다. 하인리히 뵐 재단의 인도 지국은 2003년 1월에 개최된 '아시아 사회 포럼', 2004년 '세계 사회 포럼'에서 치러진 '세계 존엄 포럼'과 같은 새로운 형태의 시민사회 활동을 후원해 왔습니다. 이밖에도 재단은 차별, 평화, 세계 정상 회의, 지정학적 이슈들을 비판적으로 제기한 작품들을 출간하기도 했습니다.

서문

베다와 관련한 대중의 인식은 어쩌다 알게 되거나 여기저기서 주워들은 것에 기초하는 경우가 대부분이다. 이 때문에 베다가 무엇인지 정확하게 알지 못하는 사람들도 그것에 대해 많이 알고 있다고 착각한다. 하지만 매우 극소수의 사람만이 본래 산스크리트로 쓰인 혹은 번역된 베다를 실제로 읽어 본 경험이 있고 그로인해 베다의 내용과 베다가 주장하는 바가 무엇인지를 확실히 알 수 있다. 이 책은 베다를 읽어 본 적이 없지만 베다에 대해 궁금한 점이 많거나 베다를 읽을 수 없지만 여전히 베다에 관한 호기심이 가득한 사람들을 위해 쓰였다.

베다는 인도 문화유산의 근간이라 여겨져 왔고 베다를 작성한 아리아인의 찬가와 담론이 포함되어 그들의 사상을 자세하게 살펴 볼 수 있는 문헌이라 묘사되어 왔다. 더 나아가 베다는 인도 역사 속에 드러나는 모든 힌두 의례와 믿음의 근원이라 주장되어 왔다. 최근 들어 우리는 힌두뜨바라는 이름 아래 힌두가 하나의 나라이고 인도에 본래부터 거주했던 힌두만이 힌두라는 나라의 일등 국민이라고 주장하는 실질적 수준의 정치적 선동을 경험하고 있다. 이것은 우리 역사가들이 계속해서 도전해왔던 인도 역사의 재현(再現)이다.

역사가들은 과거에 대한 이러한 진술과 그것의 현재와의 관계에 대해서 진위 여부를 면밀히 따져볼 필요가 있다. 자신이 전공한 분야에 대해 각각의 에세이를 쓴 이 책의 세 저자이자 역사가들은 바로 그러한 물음에 대한 답을 구하려 한다.

꿈꿈 로이는 뜨거운 논쟁을 불러 일으켰던 아리아인의 기원에 관한 문제와 초기 인도 역사에서 베다가 차지하는 위상에 대해 논의하고 있다. 이 문제는 과거에 대한 지적 호기심 차원뿐만 아니라 오늘날 정치적 논쟁을 야기하고 있는 측면으로도 반드시 조사되어야 한다. 일부 사람들은 인더스 도시들에서 찾아볼 수 있는 인도 문명의 시작이 아리아인들에 의해서 비롯되었다고 주장하고 있다. 로이는 당시의 사회, 문화, 경제 속에서 증거를 찾아내고 다양한 사람들로 구성된 그룹들의 상호작용 속에서 그 문제를 파헤치고 있다. 그녀는 이어서 하랍빠 문화가 아리아인의 것이라고 하는 주장들을 하나하나 차례대로 살펴보았다. 그리고 그러한 주장에 반대되는 증거들을 우리에게 제시하고 있다. 그녀는 수 세기에 걸친 역사적 변화로 과거가 재조명될 때마다 왜 굳이 베다가 등장해야 하는지 묻고 있다. 로이는 현재 이뤄지고 있는 좀 더 의미 있는 역사적 분석 방법으로 베다를 대하고 있다.

꾸날 짜끄라바르띠는 힌두교를 만들어 온 다양한 믿음과 행동의 갈래를 보여준다. 그러한 다양성은 셈 족의 종교들과는 다른 구조를 지닌 굉장히 독특한 종교를 창조했다. 짜끄라바르띠는 서력기원 이후 진행된 사회 경제적 변화로 인해 새로운 종교 형태가 발전했고 이것이 '뿌라나 힌두교(뿌라나 문헌에 근거한 힌두교라는 뜻으로 오늘날의 힌두교와 구별하기 위해 등장 – 역주)'라는 이름으로 불려왔다고 주장한다. 뿌라나 문헌에 근거한 힌두교의 등장으로 베다에 뿌리를 둔 브라흐마니즘은 종교 생활에 있어서 독점적 지위를 상실하게 되었다. 사람들이 믿는 신들도 변화하여 뿌라나 문헌에 근거한 힌두교에서는 오늘날 대중적으로 숭배되는 신들과 그들의 이미지가 신상으로 조각되어 사원에 안치되었다. 그리고 베다의 희생제의 야갸는 박띠의 개념을 바탕으로 한 신자와 神 사이의 친밀한 관계를 강조하는 뿌자로 대체되었다. 뿌라나 문헌에 뿌리를 둔 힌두교의 종교적 경험은 베다의 브라흐만 종교와 근본적으로 달랐다. 오늘날 우리가 이해하고 있는 인도의 문화적 유산은 베다의 브라흐만 종교보다 뿌라나 문헌에서 보이는 힌두교에서 훨씬 더 많이 찾아진다. 다양한 종류의 종교적 신념과 행위를 포용하고 있는 뿌라나 문헌의 힌두교야 말로 인도 문화유산의 근간을 형성한다고 할 수 있다.

따니까 사르까르의 에세이는 힌두뜨바를 역사적으로 분석하고 있다. 힌두뜨바 운동은 20세기 초 인도에서 벌어진 종교 민족주의의 발흥에 그 기원을 둔다. 힌두와 무슬림으로 대변되는 종교 민족주의는 좀 더 세속적인 주류 민족주의를 반대했다. 종교 민족주의는 다른 종교의 추종자를 적으로 규정했다. 힌두뜨바 운동은 스스로를 힌두 민족주의자라 주장하는 수많은 그룹들을 전부 포용하는 이데올로기의 우산이 되었다. 힌두뜨바를 표방하는 그룹들은 힌두를 최고의 시민으로 삼는 힌두 라슈뜨라(국가)의 수립을 요구했다. 그들에 의하면 무슬림, 기독교인, 공산주의자들 모두가 힌두 국가에 속하지 않는 외국인이다! 힌두뜨바 운동은 정치적 선동에 의해 널리 퍼지게 되었고 베다 시대에 대한 환상을 불러일으켰다. 하지만 힌두뜨바의 주장은 역사적으로 그 근본을 찾아볼 수 없으며 오히려 인도 사회가 힌두뜨바 진영이 바라는 대로 변하기만을 기대하는 그들의 망상에 불과할 뿐이다.

이러한 견해가 위험한 이유는 그것이 지난 수 십 년간 일단의 역사가들에 의해서 역사적 맥락이 고려되지 않은 채 구축되어 왔기 때문이다; 그리고 이러한 견해들이 19세기에 성행했던 식민지적 해석으로 인도의 과거를 이해하려 했던 것을 반복하고 있기 때문이다. 힌두뜨바 이데올로기에는 지난 반세기 동안 이룩된 역사적 지식에 있어서의 발전이라는 인식이 부재한다. 이 때문에 오늘날 역사가들은 식민지 시대의 일반화와 그것을 복제해내는 힌두뜨바 진영에 끊임없이 도전하고 있는 것이다. 이 책은 바로 그러한 도전을 수행하고 있는 역사가들에 의해 쓰였다.

로밀라 타빠르

뉴델리

2005년 3월

베다 시대[1]를 찾아서

우리 대부분은 베다(Veda)에 대해 들어본 적이 있고, 그 중 몇몇은 가야뜨리 만뜨라(Gayatri Mantra)[2]와 같은 베다 만뜨라를 알고 있거나 외울 수도 있을 것이다. 또한 베다 수학(Vedic Mathematics)[3]에 관해서도 들어 봤거나 배워본 적이 있을 수 있다. 이 때문에 우리는 '베다 시대'로 불리는 과거의 한 시대가 어떠했을 것이라는 생각을 어렴풋이 가질 수 있게 되었다. 만일 누군가 우리에게 이 시대가 어떠했는지 물어본다면 몇몇은 어렵지 않게 그 답을 말해줄 수 있을 것이다. 우리 모두는 그 시대가 아주 먼 과거에 있었다고 생각한다. 하지만 그 시대에 대한 해석은 사람마다 다르다. 일부 사람들은 베다 문헌에 여성이 찬가를 만들고, 종

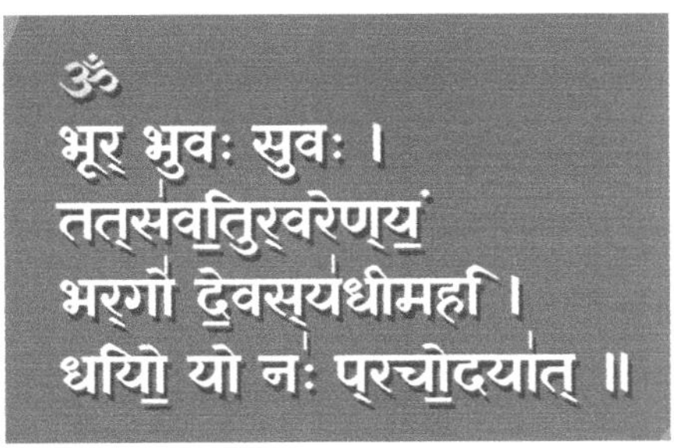

가야뜨리 만뜨라

1 베다 관련 문헌은 천 년이 넘는 시간동안 작성되었기 때문에 하나의 시대라는 용어로 표현될 수 없다. 이 글의 저자는 일반적으로 통용되는 베다 시대라는 용어를 사용하여 그것이 왜 잘못된 것인지를 밝히고 있다. 29쪽 참조.

2 가야뜨리 만뜨라는 모든 만물의 근간이 되는 다섯 가지 요소(panch bhoota)를 품고 있는 사비뜨리(Savitri) 신께 바치는 『리그베다』의 찬가(3.62.10)를 부르는 용어로 '사비뜨리 만뜨라'라고 불리기도 한다. 성자 비슈바미뜨라(Vishvamitra)가 지었다고 알려져 있다. 가야뜨리는 시를 구성하는 베다 운율을 의미한다. 이 만뜨라는 특히 상위 세 바르나(브라흐만, 끄샤뜨리야, 바이샤)의 남성이 베다를 학습할 수 있음을 알리는 우빠나야나(Upanayana) 의례에서 중요하게 사용되었다.

3 베다 수학은 수학적인 계산을 쉽고 빠르게 할 수 있는 기술과 공식을 모아 놓은 것으로 16개의 공식과 15개의 하위 공식으로 구성되어 있다. 인도 수학자 바라티 끄리슈나 띠르타(Bharati Krishna Tirtha)가 찾아낸 베다 수학 공식이 정리되어 『베다수학』이라는 책으로 출판되었다(1965년).

교 의례에 참가했으며, 때로는 마을의 중요한 회의에도 참석했다는 사실이 언급되어 있다며 그 시대가 여성에게 황금시대였다고 주장한다. 또 다른 사람들은 베다 시대를 어느 정도의 민주주의가 행사되었던 시대로 여기기도 한다.

최근 들어, 특히 지난 15년동안 베다 시대와 관련한 여러 다른 모습들이 알려졌다. 잡지와 신문 등에서 베다 시대의 사람들이 하랍빠 문명(Harappan Civilization, 인더스 문명)[4]의 실제 주인공과 동일하게 표현되어 나타나는 것이 그 중 하나이다. 여기에서 주장의 핵심은 베다 문헌에 언급된 사라스와띠(Sarasvati)가 하랍빠 문명을 탄생시킨 주요한 강으로 강조된다는 점이다. 이렇게 사라스와띠 강을 매개로 하여 기원전 1500년경에 지어진 베다 문헌과 기원전 3000년경의 하랍빠 문명이 연결될 수 있었고 두 문화의 주인공이 일치할 수 있었다. 이제 베다 문헌의 작성자가 매우 수준 높은 도시문명을 이룩하고 멀리 떨어진 나라와 교역을 했던 하랍빠

---

4 청동기 시대의 문명으로 파키스탄의 도시, 하랍빠(Harappa)가 제일 먼저 발견되었다. 고고학적 연구를 통해 하랍빠 문명은 적어도 세 개의 단계를 거쳐 발전했다는 점이 알려졌다. 초기 혹은 하랍빠 이전 단계, 중기 하랍빠 단계(기원전 2700-1800년경), 그리고 후기 혹은 하랍빠 이후 단계(기원전 1800년경)가 그것이다. 하랍빠 문명은 '인더스 계곡 문명'이라는 이름으로 가장 먼저 공표 되었고 이후 '인도 사라스와띠 문명'으로도 불렸다. 최근까지 1500여개의 유적지가 확인되었다. 하랍빠 문명의 유적지는 아프가니스탄에서 웃따르 쁘라데시 서부까지, 까슈미르부터 마하라슈뜨라의 해안에 이르는 광대한 지역에 분포되어 있다. 이들 중 약 10%의 유적지가 발굴되었다.
초기 하랍빠 단계의 생활 방식은 이후 하랍빠 문명 시대에 까지 이어졌다. 중요하게 취급되었던 작물은 밀, 보리, 콩, 아마씨, 겨자, 목화였다. 구자라뜨의 유적지에선 쌀과 조의 경작이 이루어졌던 흔적이 발견되었다. 소, 양, 염소 등의 동물이 사육되었다. 물론 이전 시기 행해졌던 수렵과 채집 생활도 공존하였다.
대다수의 유적지는 벽으로 둘러싸인 거주지들을 보여주고 있다. 몇몇 유적지에서는 거주지의 특정 부분이 성채(보통 규모가 적고 다른곳보다 높은 곳에 위치한)로 묘사되고 있다. 건물에 사용된 벽돌의 크기는 규격화되어 있었고 일부 유적지들에서는 불에 구운 벽돌이 사용되었다는 증거가 발견되었다. 체계적으로 설계된 배수로와 거리들은 하랍빠 유적지가 계획적으로 지어졌음을 알려준다.
하랍빠 유적지에서 발견되는 특징적인 인공물은 직사각형 형태를 지니며 부드러운 동석(steatite)으로 만들어진 인장들이다. 인장에는 다양한 문양과 함께 글자가 새겨져 있다. 하지만 하랍빠 문자는 아직까지 해독되지 않고 있다. 인장과 함께 다양한 준보석으로 만들어진 구슬 장신구와 정확한 계량을 지켜 만든 정육면체의 추(weight)들도 특색 있는 유물이다. 도기도 마찬가지이다. 도기는 아무런 장식이 없는 것과 빨간색 바탕에 검은색으로 여러 문양을 그려 넣은 도기로 나뉜다. 하랍빠 유적지에서 발굴된 구리, 청동, 은, 금으로 만든 공예품은 당시 하랍빠 문명 시대의 금속 공학에 대한 발전 정도를 알 수 있게 해준다.

하랍빠 문명 유적지, 로탈(Lothal)

문명의 주역으로 바뀌게 되었다.

1. 베다란 정확히 무엇인가?

논의를 진행하기에 앞서 우리는 베다가 무엇인지 명확히 할 필요가 있다. 베다란 용어는 '알다'라는 의미의 산스크리트 어근 *vid*에서 파생되었다. 이 때문에 넓은 의미로서 베다는 지식과 관련된 모든 것을 지칭한다.

그렇다면 역으로 모든 지식은 베다인가? 그렇지는 않다. 왜냐하면 베다는 지식과 관련된 모든 것이라는 일반적인 뜻보다 종교 의례와 관련이 있는 특정 문헌을 지칭하는 용어로 오랜 기간 사용되어 왔기 때문이다. 베다 문헌 가운데 가장 초기에 작성된 것은 『리그베다』*Rigveda*이다. 『리그베다』의 이름은 시(詩) 혹은 운문(verse)을 의미하는 산스크리트 어근 *rc*에서 유래했다. 흔히 종교 의례에서 만뜨라[5]로 불리는 이 시들은 찬가(sukta)의 형태로 작성되었다. 『리그베다』는 모두 1,028개의 찬가를 포함하고 있다.

찬가는 다양한 신에 대한 찬양을 주제로 하여 만들어졌는데 아그니(Agni), 인드라(Indra), 소마(Soma, 특별한 효능을 지닌 음료로 추출되는 식물과 동일하게 여겨지는 신)의 세 신이 『리그베다』에 가장 중요한 신으로 등장했다. 천여 개의 찬가 중에 약 700개가 이들 세 신에게 바쳐졌다. 찬가는 원칙적으로 기도문이었다. 찬가를 작성한 이들은 신을 찬양하는 동시에 신께 자신의 소원을 빌었다. 특히 소, 말, 좋은 목초지의 획득과 비에 대한 기원, 그리고 전쟁에서의 승리 등이 문헌에 언급된 소

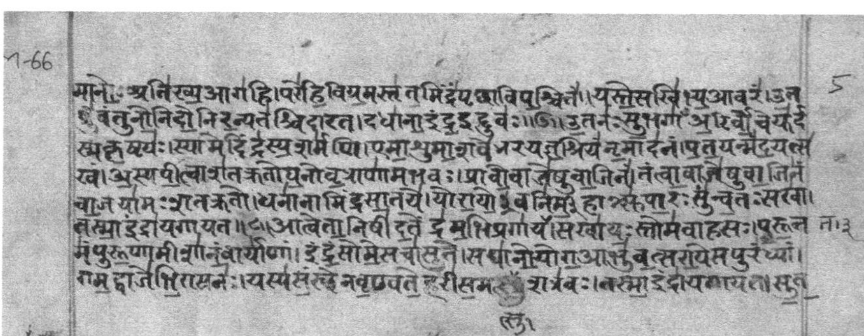

19세기 『리그베다』 필사본

5 '참된 말', '진실한 말', '성스러운 말' 등으로 해석되는 만뜨라는 소리, 음절, 단어, 구절 등으로 구성되며 입 밖으로 내뱉는 순간 영적인 힘을 지닌다고 전해진다. 제일 처음 등장한 만뜨라는 베딕 산스크리트로 작성되었고 이후 시기 힌두교, 불교, 자이나교, 시크교 등과 같은 종교 문헌에서도 널리 쓰였다.

불의 신 아그니

전사의 신 인드라

원의 내용이었다(사료1 참조).

두 번째 베다는 『사마베다』*Samaveda*이다. 『사마베다』는 『리그베다』의 찬가 중에서 일부를 선택해서 재구성되었다. 『리그베다』에서 취해진 찬가는 종교 의례에 쓰이는 노래로 다시 만들어졌고 의례의 절차에 맞게 배열되었다. 이 문헌은 희생제의[6]에서 찬가를 노래하는 임무를 맡은 우드가뜨라(udgatra) 사제 계급의 안내서로 사용되었다. 『사마베다』는 인도의 초기 음악 체계와 발전과정에 대한 중요한 아이디어를 제공해 주고 있다.

세 번째 베다는 『야주르베다』*Yajurveda*이다. 야주르베다는 '야주'라고 알려진

---

6 희생제의는 '행복 또는 재난을 가져올 수 있는, 보이지도 않고 만질 수도 없는 어떤 힘과의 관계'를 의미하는 라틴어의 어근 *sac*에서 유래한 용어로 신에게 바치는 제물 혹은 그 제물을 신께 바치는 과정을 의미한다. 이 때문에 희생제물을 죽이고 피를 모아 뿌리며 고기와 기름을 태우는 일련의 과정 모두를 희생제의의 일부분으로 볼 수 있다.

만뜨라로 구성되어 있다. 이들은 대개 산문으로 작성되었고 의례의 순서에 맞춰서 정렬되었다. 야주르베다는 아드와류(adhvaryu) 사제 계급을 위해 만들어졌다. 아드와류 사제는 희생제의가 치러지기 전에 의례에 필요한 불을 준비하고 의례가 진행되는 동안에는 불에 공물을 바치는 등 육체적 힘을 쓰는 일을 도맡아 했다.

마지막으로 네 번째 베다는 『아타르바베다』*Atharvaveda*이다. 『아타르바베다』는 『리그베다』에서 추출한 만뜨라를 포함하고 있지만 그밖에도 각종 병을 물리치고 전쟁에서 승리할 것을 목적으로 하여 작성된 주술과 주문 등을 담고 있다.

『리그베다』와 다른 세 베다의 만뜨라만을 묶어 놓은 것을 본집(samhita)이라 부른다.

#어떤 문헌이 다른 것보다 더 베다적일 수 있나?

이에 대한 대답은 '그렇다' 이다. 오랜 기간 동안 『아타르바베다』가 진정한 베다가 될 수 있는지 여부에 대한 논쟁이 지속되어 왔다. 전통적으로 『아타르바베다』를 제외한 나머지 세 베다만이 '세 개로 이루어진 지식(trayi vidya)'이라 불려왔기 때문이다. 따라서 『아타르바베다』가 비록 베다로 불리기는 하지만 나머지 세 베다와는 구별되는 종교적 권위를 지닌다고 볼 수 있다. 『아타르바베다』가 포함하고 있는 주문과 주술 등 다양한 대중적 종교 신념과 행위 역시 그러한 주장을 뒷받침한다.

후대 시대에 이르면 베다와 관련한 흥미로운 발전이 이루어진다. 그것은 만약 어떤 문헌이 역사적으로 굉장히 중요한 지위를 획득하게 되면 그 문헌을 '다섯 번째 베다(panchamveda)'로 부를 수 있게 된 것이다. 이것의 대표적인 예로 『마하바라따』*Mahabharata*[7]를 들 수 있다.

사료1. 인드라 신께 드리는 찬가(『리그베다』, I. 32)

번개vajra를 손에 쥔 인드라 신의 최초 업적을 말하노라.

그는 뱀을 죽여 물을 흐르게 했고 이로써 산의 허리는 잘려져 나갔도다.

그가 신들의 예술가인 뜨와슈따르Tvashtar가 만들어준 번개를 사용해

산에 누워 있는 뱀을 죽이나니 물은 재빠르게 대양으로 흘러 들어갔도다.

인드라는 황소처럼 성급히 세 개의 용기에 가득 담긴 소마를 들이키며

그의 무기를 집어 들어 뱀을 죽였도다.

인드라가 뱀을 죽이고 태양, 새벽, 하늘에 생명을 주나니

어느 누구도 그에게 대항할 수 없구나.

오! 인드라가 자신의 위대한 무기로 브리뜨라Vritra를 공격하니

도끼에 잘려진 나무처럼 브리뜨라가 쓰러지고 말았도다.

마치 미친 병사처럼 브리뜨라가 인드라에게 달려들었으나

제대로 된 공격 한 번 할 수가 없었도다.

(중략)

다사의 노예로, 뱀의 감시를 받으며 감금되어 있던 물이여

인드라가 브리뜨라를 공격하니 드디어 갇혀있던 물이 흘러나오는 도다.

(중략)

번개를 손에 쥔 인드라는 모든 움직이는, 움직이지 않는,

뿔이 있는, 뿔이 없는 생물체의 왕이시다.

수레바퀴가 수레살을 감싸듯 그는 일체만물을 주관하시는 자이다.

---

7 산스크리트로 작성된 서사시이며 서기 4-5세기경 현재 전해지는 100,000송(shloka), 18책(parva)의 형태를 갖추게 되었다. 저자는 전설적 인물인 뱌사(Vyasa) 혹은 끄리슈나 드와이빠야나(Krishna Dvaipayana)로 알려져 있다. 『마하바라따』는 꾸루(Kuru)족에 속하는 사촌 형제들(빤다바Pandava과 까우라바Kaurava)이 왕위 계승을 놓고 벌이는 전쟁과 빤다바의 최종 승리를 중심 이야기로 삼고 있다.

2. 후기 베다 문학[8]

만뜨라로만 이루어진 네 개의 베다 문헌에 뒤이어 '후기 베다 문학'으로 통칭되는 일련의 문헌이 작성되었다. 이들 문헌은 양이 매우 방대하고 다양한 내용을 포함하고 있기 때문에 다시 여러 범주와 하위 범주로 나뉜다. 하지만 후기 베다 문헌이 지닌 공통적인 특성도 존재한다. 첫째, 대부분의 후기 베다 문헌은 산문으로 작성되었다. 둘째, 앞서 언급한 만뜨라로만 구성된 네 개의 베다와 달리 후기 베다 문헌은 인간의 창작품으로 여겨진다. 일반적으로 네 베다의 만뜨라는 신이 천상에서 계시한 바가 브라흐만 사제 혹은 성인에게 들려져서 작성되었다고 하여 '들려진(shruti)' 혹은 성스러운 문헌이라 불린다. 이에 반해 후기 베다 문학은 '기억된(smriti)' 문헌으로 표현되며 신의 개입이 없는 순수한 인간의 창작물로 여겨진다.[9] 후기 베다 문학의 작가는 자신들이 얼마만큼 정성을 들여 문헌을 만들었는지에 대해 언급하고 있다. 그들이 찬가를 만드는 작업은 숙련된 목수가 수레를 만드는 과정 혹은 방직공이 베를 짜는 과정과 동일한 것으로 표현되었다. 작가는 자신의 창작을 자랑스러워했고 이것이 성스러운 계시에 의한 것이 아님을 주장했다.

---

8 후기 베다 문학은 『리그베다』 본집을 제외한 『사마베다』, 『야주르베다』, 『아타르바베다』의 본집과 네 베다의 제의서(Brahmana), 삼림서(Aranyaka), 사색서(Upanishad)를 포함한다. 기원전 1000 - 500년 사이 작성된 후기 베다 문학은 갠지스 강 상류의 강가-야무나 도압(Ganga-Yamuna Doab, 갠지스 강과 야무나 강 사이의 지역)을 중심으로 하고 있는데, 이는 『리그베다』가 인도 북서부의 인더스(Indus) 강과 그 지류가 흐르는 지역을 배경으로 하는 것과 구별된다. 고고학적으로 이 시기는 채색된 회색 도기(PGW, Painted Grey Ware) 문화와 일치한다.

9 슈루띠 문헌은 천상의 신성한 소리가 수행으로 높은 공덕을 쌓은 성자 또는 고행자를 선택하여 소리를 들려줌으로써 작성될 수 있었기 때문에 인간의 개입이 전혀 없는 성스러움을 지닌다. 이와 달리 스므리띠 문헌은 인간이 작성하고 기억하여 후대로 전승시켰기 때문에 인간이 적극적으로 개입한 순수 창작물로 이해된다. 두 개의 서사시(『라마야나』*Ramayana*, 『마하바라따』)와 『바가바드 기따』*Bhagavad Gita*, 『마누법전』*Manu Smriti*, 각종 뿌라나와 수뜨라 문헌이 여기에 속한다.

(1) 제의서(브라흐마나), 삼림서(아라냐까), 사색서(우빠니샤드)

우리 대부분은 브라흐만(Brahman 또는 Brahmin)이라는 용어를 사회 계급으로 이해한다. 하지만 브라흐마나라는 용어는 후기 베다 문학에 속하는 특정 부류의 문헌인 제의서를 가리킨다. 제의서는 브라흐만 사제 계급에 의해 만들어지고 또 그들을 위해 사용되었다. 제의서의 양은 거대하다. 가장 오래되고 잘 알려진 『샤따빠타 브라흐마나』*Shatapatha Brahmana*의 경우, 인쇄된 책의 양이 수 백 쪽에 달한다. 제의서는 종교 의례가 매우 복잡해진 시점에 작성되었다. 일부 문헌은 의례적 행동의 순서를 설명하고, 또 다른 문헌은 의례와 관련된 특정 만뜨라의 의미를 논의한다. 일반적으로 제의서는 의례와 관련된 내용을 중심으로 하고 있지만 이밖에도 왕과 사제, 신과 여신에 대한 이야기들을 포함하기도 한다. 제의서에는 아슈와메다(ashvamedha)[10], 라자수야(rajasuya)[11]와 같이 특별한 중요성을 갖는 의례의 절차와 의미가 굉장히 길고 자세하게 설명되어 있다. 『라마야나』[12]와 『마하바라따』의 이야기에 친숙한 사람들이라면 이들 서사시에서 아슈와메다 의례와 라자수야 의례가 갖는 중요성을 잘 알 수 있을 것이다. 『라마야나』에서

10 아슈와메다는 후기 베다 문학에 나타나는 말馬 희생제의다. 일 년 넘게 지속되는 것을 특징으로 한다. 이 의례는 권력을 강화하려는 통치자, 왕에 의해 주로 수행되었다. 왕은 자신이 소유한 말들 중 뛰어난 말을 골라 눈을 가린 후 풀어놓고 일 년 간 제멋대로 떠돌아다니게 한다. 이때 말은 군사들의 호위를 받는다. 그리고 말의 진로를 방해하는 이들은 모두 왕의 군사에 의해 처단된다. 일 년이라는 시간동안 만약 어떤 적도 왕의 말을 죽이거나 생포하지 못한다면 일 년 후 그 말은 군사들과 함께 왕에게로 온다. 왕은 살아 돌아온 말이 거쳐 왔던 지역을 모두 자신의 영토라 선언하고 그 말을 제물로 삼아 희생제의를 수행한다.

11 후기 베다 문헌에 묘사된 라자수야는 왕이 되어 천하를 통일하고자하는 끄샤뜨리야에게 필요한 의례이다. 이 때문에 특히 대관식을 앞둔 왕에 의해 수행되었다. 이 의례 역시 일 년이 넘는 시간 동안 행해지며 소마 즙 채취, 마차 운행, 활쏘기와 같은 과정들을 포함하고 있다.

12 산스크리트로 작성된 서사시로 서기 1세기 중반 무렵 오늘날과 같은 형태를 갖추게 되었다. 지은이는 성자 발미끼(Valmiki)로 알려져 있다. 『라마야나』는 총 24,000송으로 이루어졌으며 7개의 책(kanda)으로 구분된다. 이야기는 아요다국國의 왕자 라마가 왕국으로부터 추방당해 숲속으로 유배를 떠나면서 겪게 되는 여러 역경들, 악마 라바나(Ravana)에게 납치된 아내 시따(Sita)를 구하기 위한 모험, 그리고 악마를 쳐부수고 시따를 되찾아오는 것 등을 중심으로 하고 있다. 『라마야나』의 이야기는 다양한 조각 작품을 통해서도 알려졌고 불교, 자이나교 등 다른 종교 전통에서도 여러 다양한 판版으로 작성되었다.

유디슈티라(Yudhishthira)의 아슈와메다 의례

아슈와메다는 영웅의 탄생을 알리기 위해 수행되었다. 라마가 악마 라바나를 무찌르고 승리했을 때 수행한 아슈와메다는 라마가 진정한 영웅이 되었음을 알려주는 중요한 의례였다. 그리고 『마하바라따』에서 유디슈티라(빤다바 가문의 장남)가 성자 나라다(Narada)의 조언을 듣고 행한 라자수야 의례는 강력한 왕권을 행사하기 위한 필수적인 과정으로 이해할 수 있다.

제의서가 종교 의례, 그 중에서도 희생제의의 세부 사항을 중점적으로 서술하고 있는 것에 반해 삼림서와 사색서는 당시 새롭게 등장했던 철학적 사색의 전통을 배경으로 하고 있다. 아라냐까(삼림서)와 우빠니샤드(사색서)는 각각 '숲 속에서의 사색'과 '스승 가까이에서 배우는 가르침'이란 뜻을 지닌다. 이들 문헌의 등장은 지나치게 복잡해지고 형식에만 치우쳐진 의례수행에 회의를 느끼고 의례 자체보다 의례가 갖는 의미에 더 무게를 두고 고민하게 된 당시의 사상적 흐름과 연관이 된다. 이는 곧 희생제의의 필요성 또는 당위성에 대한 논쟁으로 이어졌고 찬, 반 양쪽의 주장이 팽팽하게 대립하게 되었다. 하지만 그러한 와중에도 삼림서와 사색서가 제기했던 철학적 물음들은 계속해서 인기를 얻었다. 이와 함께 삶과 죽음의 의미를 따지는 근본적인 물음과 우주의 창조와 관련한 새로운 물음이 종교 철학의 또 다른 중요한 주제로 사람들의 관심을 끌었다. 이러한 철학적 사색과 명상은 훗날 베단따(Vedanta)[13]학파의 가장 핵심적이고 중요한 부분을 차지하게 되었다. 우리가 다음 장에서 마주하게 될 베다 종교의 점진적인 쇠퇴 부분에서 우빠니샤드의 철학적 명상 혹은 사색에 대해 좀 더 깊이 알아볼 것이다.

(2) 수뜨라(經, Sutra)

수뜨라는 '실(thread)'을 의미한다. 수뜨라는 방대한 양을 가진 문헌의 집합체로 아주 짧은 단어들로 전하고자 하는 바의 핵심을 응축시켜 만들어졌다는 특징을 지닌다. 특히 수뜨라는 정보, 사상, 계율, 규칙 등을 기억하기 쉽도록 수수께끼와 같은 짧은 문구로 표현되었다. 일부 수뜨라는 브라흐마나와 비슷한 형태와 내용을 지니기도 한다. 또 다른 수뜨라는 아주 간결하게 작성되었다. 여섯 개의 수뜨라가 베당가(Vedanga, 베다의 팔 혹은 필수적인 부분)로 여겨진다. 베당가의 여섯 개 수뜨라는 베다 만뜨라의 발음을 설명하는 식샤(*Shiksha*), 어원론을 다루는 니루끄따(*Nirukta*), 운율에 대해 논의하는 찬다(*Chhanda*), 문법을 알려주는 바까라

---

13 '베다의 궁극적 완성'이라는 뜻으로 철학적으로는 정통 인도 사상의 체계를 확립한 학파를 의미한다. 베단따 학파는 우주의 궁극적 실재 브라만이 세계 창조 작업을 수행하며 그러한 과정을 통해 모든 사물에 내재해 들어가게 되고 이 때문에 모든 창조물 속에는 브라만이 존재한다고 보았다. 개별적 주체 아뜨만(Atman)과 궁극적 실재 브라만이 사실은 동일하다는 것을 깨닫는 것이 베단따 학파의 주된 목적이다. 베단따 학파를 지지했던 사람 중에 샹까라짜랴(Shankaracarya, 8세기 초)가 유명하다.

나(*Vyakarana*), 천문학에 대한 죠띠샤(*Jyotisha*), 베다 의례와 관련한 절차, 의식 등을 논의하는 깔빠 수뜨라(*Kalpa Sutra*)를 말한다.

깔빠 수뜨라는 다시 네 개로 분류된다. 우선 슈로따 수뜨라(*Shrauta Sutra*)[14]는 이름처럼 슈루띠 전통에서 유래한 의례들을 취급한다. 소마 희생제의, 아슈와메다, 라자수야와 같은 의례가 이에 속한다. 그리햐 수뜨라(*Grihya Sutra*)는 가정 내에서 행해지는 수많은 의례를 주제로 하여 그들의 절차와 내용에 관해 상세하게 설명하고 있다. 인간이 태어나서 죽을 때까지 치루는 모든 통과의례(samskara)가 자세하게 기록되어 있다. 슐바 수뜨라(*Shulba Sutra*)는 희생제의에서 쓰이는 제단을 만드는데 필요한 기하학적 원리가 수록되어 있는 문헌이다. 마지막으로 다르마 수뜨라(*Dharma Sutra*)[15]는 사회 구성원이 따라야 할 사회적 제약, 규칙 등을 포함하고 있으며 이를 어기는 데에 따른 처벌 규정도 함께 제시하고 있다.

좀 더 논의를 진행하기에 앞서 지금까지 우리가 찾은 것을 정리해 보자.

– 베다에 대한 정의는 넓은 의미와 좁은 의미가 함께 고려되어야 한다. 만일 넓은 의미로 베다를 정의한다면 우리는 『리그베다』부터 베당가까지 모든 것을 포함해야 한다. 하지만 만일 우리가 좁은 의미로 베다를 정의하고 싶다면 만뜨라로 이루어진 세 개 혹은 네 개의 베다 본집만을 의미하는 것으로 한정해야 한다.

– 베다와 관련된 방대한 양의 문헌은 수 세기에 걸쳐 형성되었다. 이 때문에 이들 문헌이 작성된 정확한 연대에 대해서 끝없는 논쟁이 이어지고 있다. 그렇

---

14 기원전 700-300년경 작성된 의례 안내서이다. 네 베다의 본집 중에서 『야주르베다』로부터 가져온 내용이 슈로따 수뜨라의 절반을 차지한다. 슈로따 수뜨라는 아드와류, 호뜨리, 우드가뜨라, 브라흐만이라고 불리는 사제 계급이 의례를 수행하는데 필요한 지침들을 수록하고 있다.

15 기원전 4-5세기경 작성되었으며 인간의 일상생활, 행사, 각 바르나의 의무, 인생의 4주기(브라흐마짜랴 brahmacarya-지식의 습득 및 금욕의 훈련을 하는 학생 시기, 그리하스타grihastha-결혼을 하고 아이를 낳아 사회 구성원으로서의 삶을 영위하는 가장家長 시기, 바나쁘라스타vanaprastha-세속적 즐거움과 부의 축적에서 벗어나 해방을 추구하는 은퇴 시기, 산냐사sannyasa-물질적 욕망과 집착으로부터 벗어나 정신적 해탈을 달성하고자 노력하는 은둔 시기로 학생 시기를 거친 사람은 누구나 바로 산냐사 단계로 돌입이 가능하다) 등에 관한 내용이 포함되어 있다. 이후 시기 등장한 마누Manu, 야갸발꺄Yajnavalkya 등 여러 법전(*Dharmashastra*)의 직접적 원류가 된다.

지만 대부분의 학자가 『리그베다』의 작성 시기를 두고 기원전 2000 – 1500년경에 쓰였다고 하는 것에 동의한다.

– 후기 베다 문학에 속하는 문헌의 대부분이 아마도 기원전 1000년경에서 기원전 500년경 사이의 약 500년이라는 기간 동안 작성되고 편집되었을 것이라 여겨진다.

– 하지만 일부 문헌, 특히 베당가 문헌은 그것보다 후대인 기원전 5세기에서 서기 2세기경에 작성되었다.

– 즉, 베다 관련 문헌은 2천년이라는 시간 동안 작성, 결집, 편집되었다고 볼 수 있다. 이 때문에 문헌이 작성되었던 시대를 하나의 사회 혹은 시기로 고정할 수 없고 이 때문에 우리는 베다 시대라는 말을 쓸 수 없다.

– 베다 관련 문헌에 나타난 지리학적 언급을 살펴보면 『리그베다』의 작가가 인도 북서부에 위치한 '일곱 개의 강(Sapta Sindhu)이 흐르는 지역'[16]에 매우 친숙했음을 알 수 있다. 오늘날 유명한 갠지스 강과 야무나 강은 『리그베다』의 경우, 오직 한 차례만 언급된다.

– 후기 베다 문학에는 '강가–야무나 도압(오늘날 웃따르 쁘라데시Uttar Pradesh 주)'이 중요한 지역으로 나타난다. 이 시기가 되면 『리그베다』에 일곱 개의 강이 흐르는 지역으로 언급되며 빈번하게 나타났던 인도아대륙의 서북부 지역은 오히려 주변부로 취급된다. 동시에 북인도 밖의 지역도 매우 모호하게 그려져 있다.

3. 누가 베다를 지었는가?

베다가 오랜 시간에 걸쳐 많은 사람에 의해 작성되었다는 것은 분명하다. 누

16 일곱 개의 강은 인더스 강과 다섯 지류(젤람Jhelum, 쩨납Chenab, 라비Ravi, 베아스Beas, 사뜰레즈Sutlej) 그리고 사라스와띠 강을 일컫는다.

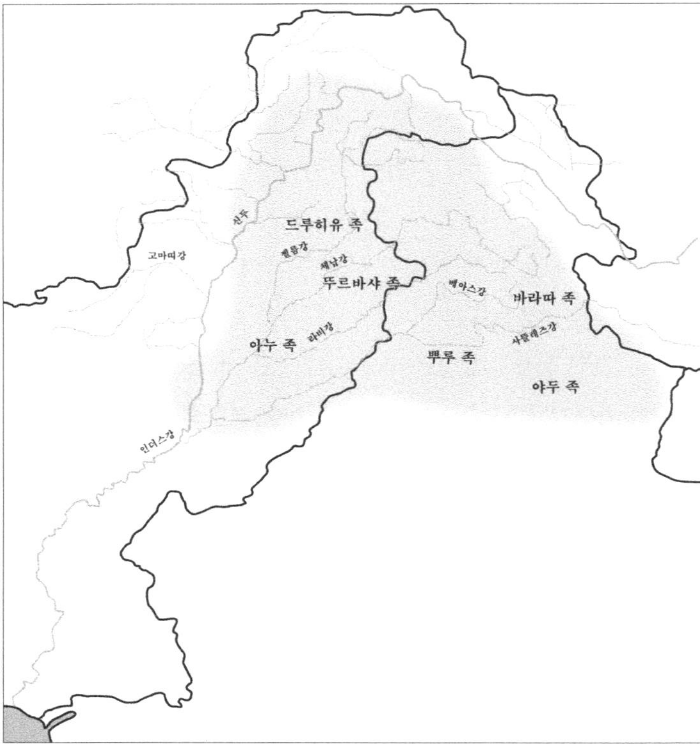

「리그베다」가 작성된 삽따 신두 지역

군가는 이 문헌을 한 사람이 썼다고 주장하기도 하지만 설득력이 떨어진다. 『리그베다』의 경우, 각각의 찬가는 어떤 한 특별한 개인 또는 성인이 썼다는 견해가 지배적이다. 하지만 브라흐마나 문헌과 깔빠 수뜨라의 경우, 방대하고 다양한 내용을 지닌 문헌을 한 사람이 작성했다고 보는 것에는 무리가 따른다. 우리가 최대로 인정할 수 있는 바는 어떤 특정 개인이 이러한 문헌의 형태와 내용을 결정짓는데 주요한 역할을 했을 수도 있다는 가능성 정도이다.

작가가 누구인지를 추적하는 것과 별도로 우리는 어떤 다른 것들을 유추해

볼 수 있다. 베다 문헌이 만들어진 시기는 바르나(varna) 체계[17]가 공고하게 확립되었던 시기가 아니었다. 이 때문에 초기 베다 문헌을 작성했던 성자들은 브라흐만이라는 바르나 지위가 아닌 자신의 이름으로 문헌에 기록되었다. 하지만 베다 문헌은 분명히 브라흐만에 의해 보존되고 전승되었다. 후기 베다 문헌, 특히 브라흐마나 문헌의 작성자는 거의 다 브라흐만이었다. 이로써 시기와 상관없이 모든 베다 관련 문헌이 종교 의례 전문가였던 브라흐만에 의해 작성되고 또 그들을 위해 사용되었다는 것을 알 수 있다.

다른 사회 계급은 어떠했을까? 우빠니샤드에 나타나는 왕과 브라흐만 사제를 예로 들어보자. 『브리하다라냐까 우빠니샤드』*Brihadranyaka Upanishad* 4장에는 자나까(Janaka)왕과 브라흐만 사제 야갸발꺄(Yajnavalkya) 사이의 대화가 나타난다. 물론 그들의 대화가 문자 그대로 기록된 것은 아니다. 둘 사이의 대화는 아마도 처음에 그들의 대화를 들었던 사람이 대화를 기억하고 보존해서 후대에 전승했을 것이다. 그리고 전승된 대화는 이 문헌이 작성되는 시점에 작가가 원하는 대로 새롭게 재구성되었을 것이다. 하지만 이렇게 브라흐만이 아닌 다른 사회적 계급이 문헌에 등장하는 일은 매우 드물었다. 결국 베다 관련 문헌에서 브라흐만을 제외한 다른 사회 계급의 모습을 발견하는 것은 매우 어렵다고 할 수 있다.

베다 문헌의 작성과 관련하여 눈에 띄는 것이 여성의 참여 부분일 것이다.

---

17 바르나는 사회를 네 층위(브라흐만, 끄샤뜨리야Kshatriya, 바이샤Vaisya, 슈드라Shudra)로 구분하고 그에 따른 직업을 설명하는 이론적 틀이다. 이에 의하면 사제 계급인 브라흐만은 베다를 학습하면서 동시에 베다를 다른 사람에게 가르치고 자신과 남을 위해 희생제의를 주관해야 하며 그에 대한 답례를 받아야 한다. 통치자 계급인 끄샤뜨리야는 베다를 학습하고 자신을 위해 희생제의에 참여하며 사람들을 보호해야 한다. 생산 활동에 종사하는 계급인 바이샤는 베다의 학습, 희생제의의 참여, 사제에 대한 보시라는 세 가지 임무와 함께 농업, 목축업, 어업 등에 종사해야 한다. 마지막 계급인 슈드라는 상위 세 바르나에게 봉사하는 것을 삶의 의미로 삼아야 한다. 바르나에 대한 가장 초기의 언급은 『리그베다』의 뿌루샤 찬가(Purusha Sukta, 10. 90)에서 찾아볼 수 있다. 그 내용은 태초의 근원적 존재인 뿌루샤가 희생 제물로 바쳐지면서 온 세상의 만물이 생겨났다는 것인데, 그 중 브라흐만은 뿌루샤의 입을 통해, 끄샤뜨리야는 그의 팔로부터, 바이샤는 그의 허벅지에서, 그리고 슈드라는 그의 발에서 탄생했다고 전해진다.

여기서 우리가 명심해야 할 것은 여성의 참여를 보여주는 증거가 실제로 얼마나 빈약한가를 알아야 한다는 점이다. 『리그베다』의 천 개가 넘는 찬가 중에 열다섯 개 정도만이 여성에 의해 작성되었다. 그리고 우리는 철학적 논쟁을 벌인 수많은 남성들 가운데 마이뜨레이(Maitreyi)[18]와 가르기(Gargi)[19]라는 두 여성의 이름만을 찾아낼 수 있다. 확실히 베다 문헌에 언급된 여성들은 매우 예외적인 경우에 속한다고 볼 수 있다.

4. 베다는 어떤 목적으로 사용되었는가?

이제까지 우리는 베다 문헌이 얼마나 다양한지를 살펴보았다. 어떤 문헌은 만뜨라의 모음집이기도 하고 또 어떤 문헌은 의례에 대한 설명, 철학적 사고, 규칙과 규정 등을 포함하기도 했다. 분명하게 각 문헌은 서로 다른 용도로 사용되었음을 알 수 있다.

만뜨라는 의례가 진행되는 과정 중에 노래로 불렸다. 일반적으로 한 명 혹은 다수의 사제가 만뜨라를 노래했지만 때로 희생제의를 후원하는 사람(祭主, yajamana)이 부르기도 했다. 야자마나는 연료, 기(ghee), 동물, 옷감, 금속 등 희생제의에 필요한 모든 자원을 제공하는 사람으로 종교 의례의 실질적인 주최자를 뜻했다. 어떤 자원은 신께 바치는 공물을 구하는 데 사용되었고 또 어떤 자원은

---

18 기원전 6세기경에 속하는 여성 철학자로 그녀와 남편 야갸발꺄가 나눈 대화가 『브리하다라냐까 우빠니샤드』에 언급되어 있다. 마이뜨레이는 둘의 대화 속에서 브라만과 아뜨만 각각의 성격과 그 둘이 일치함을 논하고 있다. 마이뜨레이는 베다가 결집되던 시기에 여성이 교육받았다는 사실을 증명하는 예시로 등장하며 지적인 인도 여성을 상징하는 인물로 널리 알려졌다.

19 기원전 6세기경에 활동한 여성 철학자로 그녀가 참여한 대화들이 『브리하다라냐까 우빠니샤드』에 나타나 있다. 가르기는 어떤 대화에서는 경쟁적인 철학가들 사이의 논쟁을 중재하는 판사와 같은 인물로 등장하고 또 다른 대화에서는 궁극적 실재의 성격에 대한 문제를 제기하는 모습을 보였다.

사제가 의례를 집전하는 대가인 닥시나(dakshina, 사례비)[20]로 주어졌다. 이 결과 희생제의를 수행함으로써 얻는 신으로부터의 모든 혜택은 야자마나를 위한 것이 될 수 있었다. 매우 드물었지만 야자마나의 아내가 만뜨라를 부르는 경우도 있었다. 이를 통해 우리는 당시 사회를 야자마나로서 만뜨라를 부를 수 있는 사람과 그렇지 못한 사람으로 간단하게 구분해 볼 수 있다. 야자마나는 희생제의에 드는 자원과 비용을 댈 수 있는 부유한 사회의 상층 바르나 계급으로, 야자마나가 아닌 사람은 희생제의의 준비와 혜택등 모든 것에서 소외되는 사회의 억압계층으로 이해할 수 있을 것이다. 우리는 이렇게 베다로부터 이어지는 브라흐만 전통의 의례가 결국은 사회의 기득권층을 옹호하고 강화하는데 이용되었다는 것을 알 수 있다. 이 때문에 종교 의례, 특히 희생제의에서 브라흐만 사제 다음으로 중요한 사람은 바로 야자마나였다.

후기 베다 문헌 중 특히 수뜨라는 베다의 지식을 학습하는데 있어서 여성과 슈드라가 배제되었다는 사실을 분명하게 언급하고 있다. 이는 당시 사회를 구성하는 대다수의 사람이 베다 관련 지식을 학습할 수 없었다는 것을 암시한다. 그리고 여성과 슈드라가 베다를 학습할 수 없다는 사실은 흔히 이야기를 통해서 강화되었다. 우리는 『라마야나』에 나타난 샴부까(Shambuka) 이야기[21]를 잘 알고 있다. 샴부까는 슈드라 출신으로 명상과 고행의 수련에 정진했던 인물이었다. 명상과 고행의 수련은 슈드라에게 금지된 행동이었기 때문에 브라흐만 사제들은 라마 왕을 찾아가 불평했다. 라마 왕은 그 즉시 샴부까를 죽여서 잘못된 사회

---

20 베다 문헌에 등장하는 산스크리트 용어로 브라흐만 사제에게 제공되는 희생제의 수행과 관련한 수고비, 사례비, 대가 등을 일컫는다. 치러지는 의례의 규모와 크기에 따라 여러 종류가 있었다고 전해진다. 브라흐만에게 주어졌던 닥시나는 소, 말, 다른 동물들, 옷, 마차, 금속, 남녀 노예 등이었고 매우 드물게 토지도 지급되었다.

21 샴부까 이야기는 『라마야나』의 마지막 책(Uttarakanda, 73-76)에 등장한다. 이야기는 슈드라 고행자로 자신의 다르마를 지키지 못한 샴부까가 라마 왕에 의해 처단되는 것을 내용으로 하고 있다. 하지만 자이나(Purushottama Candra Jaina), 브록킹턴(John Brockington) 같은 학자들은 이 이야기가 바르나슈라마다르마(varnashramadharma, 바르나 위계에 의한 다르마를 따르고 실현하는 삶의 주기)를 강조하기 위해 훗날에 첨가된 부분이라 주장한다.

의 질서를 바로 잡으라고 명령했다. 물론 이 이야기를 글자 그대로 믿을 수 없지만 우리는 적어도 슈드라가 사회적으로 금지된 것을 행했을 때 그에게 어떠한 처벌이 어느 정도의 수위로 내려졌는지 알 수 있다. 또한 그러한 이야기가 만들어질 수 있는 배경을 짐작해 볼 수 있다. 아마 당시에 금지된 베다를 학습하고 명상과 요가를 통해 수행했던 슈드라가 실제로 많았던 것은 아닐까? 그리고 이를 경고하기 위해 샴부까의 이야기를 만들어서 경계로 삼은 것은 아닐까?

브라흐마나 문헌은 오직 사제 계급인 브라흐만에게만 중요했다. 사제의 직무를 충실히 이행하기 위한 의례와 그 의례에 대한 모든 것이 브라흐마나 문헌에 자세하게 기록되어 있었기 때문이다. 이밖에도 브라흐마나 문헌은 브라흐만 사제들의 논쟁과 논의, 그들의 신념과 태도, 그리고 그들이 겪고 있는 문제점과 딜레마까지도 포함하고 있기 때문에 브라흐만 사제를 위해 철저히 준비된 문헌이라 부를 수 있다. 이와 달리 아라냐까[22]와 우빠니샤드[23]는 희생제의를 넘어서 좀 더 깊고 본질적인 철학적 물음에 대한 해답을 추구하는 사람들이 필요로 한 문헌이었다. 이 때문에 브라흐마나 문헌과 마찬가지로 매우 한정적인 독자를 가졌을 것이라고 추측할 수 있다.

각 수뜨라는 매우 독특한 사용을 위해 만들어졌다. 브라흐만 사제 계급이 베다 문헌을 정확하게 이해할 수 있도록 베다의 여러 측면을 해설해 놓은 것이 바로 수뜨라 문헌이다. 특히 발음, 천문학, 문법, 운율, 어원론 등을 자세하게 설명하고 있는 베당가 수뜨라 문헌이 베다의 올바른 이해를 위해서 중요하게 취급

---

22 기원전 8-6세기경 작성된 산스크리트 문헌으로 브라흐만에 의해 작성되고 보존되었으며 후대로 전승되었다. 숲 속에 거주하는 이들처럼 남들과 떨어져 상대적으로 고독하게 살고 있는 사람들을 선택해 그들에게 전승한 내용을 담고 있다는 특징이 있다. 아라냐까의 가장 특징적인 내용은 우주적이고 형이상학적 관점으로 의례를 재해석했다는 측면이다.

23 산스크리트 문헌의 한 종류이며 기원전 6세기경 무렵부터 작성되기 시작했다. 가장 잘 알려진 우빠니샤드로는 『찬도갸 우빠니샤드』*Chandogya Upanishad*와 『브리하다라냐까 우빠니샤드』를 들 수 있다. 이 두 문헌에는 우주의 궁극적 실재와 관련한 초기의 철학적 사고가 언급되어 있다. 그들은 또한 의례주의를 비판하고 자아실현의 수단으로써 지식의 획득을 강조했다.

되었다. 수뜨라 문헌 중에서 가장 많은 수의 독자를 대상으로 하여 쓰였던 것은 다르마 수뜨라 문헌이다. 다르마 수뜨라 문헌은 사회의 모든 계급이 따라야 하는 규칙, 계율 등을 포함하고 있다.

5. 베다의 언어

베다는 베다 산스크리트(Vedic Sanskrit)라고 불리는 언어로 작성되었으며 오늘날 우리가 학교에서 배우는 고전 산스크리트(Laukik Sanskrit)와는 구별된다.[24] 베다 산스크리트가 그 시대에 일상적으로 사용되던 언어였는지, 혹은 특별한 종교 의례를 수행할 때만 쓰이는 언어였는지 정확히 알 수 없다. 대부분의 학자는 이 언어가 일상적으로 사용하던 언어의 특수한 변종이었을 것이라 추측한다.

우리는 다른 사람들과 대화할 때 같은 언어를 사용하지만 대화 상대에 따라 톤과 어조를 달리한다. 친구들 사이에서만 사용할 수 있는 언어가 존재하고 또 공식적인 자리에서만 쓸 수 있는 언어가 따로 존재한다. 만일 우리가 공식적인 언어로 친구 또는 가족들과 대화하려 한다면 상대방은 편안한 느낌을 갖지 못할 것이다. 베다 산스크리트는 매우 공식적이고 정중한 언어에 속한다. 이 때문에 처음 사용되었을 때 아마 사람들이 쉽게 이해하지 못했을 것이다. 이러한 이유로 시간이 흘러 우빠니샤드와 수뜨라 문헌이 작성되는 때에 이르게 되어 베다 만뜨라에 쓰인 언어보다 훨씬 더 쉬운 언어가 사용되었다.

---

24 '정교한, 잘 정돈된' 이라는 의미를 지닌 산스크리트(sanskritam)는 인도유럽어족에 속하는 언어이다. 한자로 범어梵語라고 한다. 산스크리트는 베다를 포함한 각종 종교 경전에 쓰인 베다 산스크리트와 서사시와 이후 문학 작품 작성에 사용된 고전 산스크리트로 나뉜다. 이 중 고전 산스크리트는 약 2000년간 존재했으며 기원전 4세기경 빠니니(Panini)에 의해 문법이 체계화되었다.

6. 베다는 사료史料로 쓰일 수 있는가?

이것은 매우 중요한 문제이다. 베다가 의례를 위한 만뜨라와 설명, 논의, 규칙 등을 담고 있는 종교 문헌이라는 것을 생각해 보자. 그렇다면 그들은 우리에게 어떤 사건에 대한 역사적 배경이나 사건에 대해 자세한 설명을 제시하지 못한다. 하지만 역사가들은 과거를 설명하는 자료로 베다를 이용해 오고 있다. 어떻게 그리고 왜 그러는 것일까?

우리는 먼저 다양한 종류의 역사가 있다는 것을 기억해야 한다. 여기에는 각각의 왕과 사제가 무엇을 행했는지에 관한 역사가 포함되어 있다.

– 목축업, 농업, 공예품 생산, 무역의 확대와 같은 경제적 발전과정의 역사

– 어떻게 바르나 체계가 등장했는지, 어떻게 젠더(gender) 관계가 형성되었는지 등과 같은 사회 발전의 역사

– 사람들이 무엇을 먹고 입으며 어디에서 살고 또 그들의 교통수단은 무엇이었는지 등과 관련한 일상적 삶으로서의 역사

– 종교적 신념과 행위의 변화를 알아볼 수 있는 종교 · 사상의 역사

위의 다양한 역사 중에서 베다 문헌으로부터 가능한 것은 무엇인지 하나하나 따져보자. 우선 왕과 사제의 역사를 살펴보면, 베다는 수십 명의 왕과 사제의 이름을 포함하고 있지만 이름 이외에 세부적인 사항은 기록하지 않고 있다. 아마 베다가 작성될 당시에는 작가와 독자 모두가 이들 이름과 친숙했기 때문에 어느 한 이름이 언급되면 당연히 어떤 연유로 그 이름이 나오게 되었는지 알았을 수도 있다. 하지만 오늘날 우리가 베다 문헌에 나타난 이렇게 짧고 또 뿔뿔이 흩어져 있는 정보를 통해서 당시의 정치적 역사를 재구성한다는 것은 불가능한 일이다. 우리는 단지 베다가 만들어지던 사회를 통치했던 사람, 혹은 그

통치자에 대한 사람들의 인식과 같은 정치의 일부분만을 조심스럽게 추정해 볼 수 있을 뿐이다. 다르마 수뜨라는 왕과 사제의 권리와 의무에 대해 서술하고 있다. 하지만 우리는 이러한 권리와 의무 조항이 현실에서 얼마나 이행되었는지 알 수 없다. 다만 우리는 다르마 수뜨라에 나타난 내용을 통해서 당시 사회가 왕과 사제라는 사회의 지도층에 어떤 것을 기대했나 하는 정도만을 짐작해볼 뿐이다.

경제적 발전과정의 역사는 어떠한가? 여기서도 마찬가지로 우리는 베다로부터 어떤 직접적인 증거를 찾을 수 없다. 하지만 일부 역사가들은 그들의 상상력을 동원하여 베다 만뜨라를 사용하기도 했다. 이는 대부분의 베다 만뜨라가 비유를 사용하기 때문에 가능할 수 있었다. 특히 베다에는 자연적, 사회적 현상에 근거한 비유가 자주 동원되었다. 예를 들어 신神과 숭배자는 당시 문헌을 작성했던 작가가 친숙하게 여긴 사물 등으로 바뀌어 등장하기도 했다. 특히 신이 소로 나타나고 숭배자가 송아지로 기록되었던 것을 보면 당시 사회에서 소가 얼마나 중요한 비중을 차지하고 있었는지를 알 수 있다. 이와 같은 비유를 통해서 목축업이 주를 이루던 당시의 생활 방식에서 소가 가장 중요한 동물이라는 사실을 강조했음이 드러난 것이다.[25] 이렇게 문헌에 나타난 다양한 비유의 예를 정리한다면 우리는 당시 사회에서 귀중하게 취급되었던 것들의 목록을 작성할 수 있을 것이다.

역사가들은 의례에서 자주 사용되고 또 그 때문에 문헌에 빈번하게 등장하는 물품에도 관심을 기울인다. 예를 들어 브라흐마나 문헌 또는 수뜨라 문헌에 쌀, 보리 등과 같은 곡식이 의례에 쓰이는 제물로 권장되었다면 우리는 그런 작

---

25 유목민인 아리아인이 정착생활을 하게 되면서 변화한 것 중의 하나는 바로 소가 매우 중요한 자산으로 떠올랐다는 점이다. 『리그베다』 본집에도 아리아인이 소를 획득하기 위해 수많은 전쟁을 치렀다는 사실이 기록되어 있다. 이러한 이유로 전쟁의 다른 이름은 '소에 대한 갈망(gavishthi)' 이었다. 소는 또한 재물을 의미했기 때문에 소를 많이 소유한 자가 부자가 될 수 있었다. 동시에 소를 소유한 자는 힘이 있는 자를 뜻해서 부족장은 '소들의 신(gopati)'이라고도 불렸다.

물을 재배하는 농업이 그들의 생계방식이었을 것이라고 추측해 볼 수 있을 것이다.

마지막으로 기도문 자체가 우리에게 당시 사회를 이해할 수 있는 여지를 남겨주기도 한다. 왜냐하면 사람들은 자신이 소중하다고 생각하는 것을 위해 신께 기도하기 때문이다. 만일 『리그베다』에 나타나는 대부분의 기도문이 소와 말, 그리고 자손을 위한 것을 주제로 하고 있다면 우리는 당시 사회에서 중요하게 생각되던 것이 바로 목축을 위한 동물의 확보와 자손의 번성이라는 것을 알 수 있게 된다.

비슷한 전략이 사회적 발전의 역사에도 적용될 수 있을 것이다. 만일 끄샤뜨리야와 바이샤 계급이 각각 포식자와 음식으로 비유되어 언급되었다면 우리는 이 둘의 사회적 관계를 동등하지 않은, 바이샤가 끄샤뜨리야에게 종속되어 있는 관계로 이해할 수 있다. 또한 아내가 남편에게 복종해야 한다는 구절이 담긴 기도문의 존재는 당시 사회의 가부장적 모습을 보여주는 동시에 모든 아내가 남편에게 순종적인 것만은 아니었겠네 라는 의심을 부추기기도 한다. 이런 부수적인 예를 통해서도 당시 사회의 평범하고 일상적인 생활을 엿볼 수 있다.

결국 이와 같은 예들이 보여주는 바는 베다 문헌이 우리가 원하는 모든 것을 만족시키지는 못하지만 나름의 가치를 지니고 있다는 사실이다. 베다 문헌에서 가장 기대할 수 있는 역사는 종교 신념과 행위에 관한 부분일 것이다. 특히 신과 여신에 관해 언급을 하고 있는 베다 문헌은 어떤 신이 중요한 위치를 차지할 수 있었고 또 어떻게 그 힘을 잃어버렸는지에 대해서 자세히 알려줄 수 있다. 그리고 우리는 베다 문헌을 통해 어떻게 종교 의례가 복잡해지고 왜 그러한 의례에 비싼 비용이 들었는지, 그리고 어떻게 가정의례가 점차적으로 표준화되었는지 등을 추적할 수 있다.

(1) 여전히 남은 문제

앞서 살펴본 것만으로 베다 관련 문헌이 가지고 있는 문제가 해결되지는 않는다. 왜냐하면 베다 문헌의 연구만으로 알아낼 수 없는 많은 것들이 여전히 존재하기 때문이다. 예를 들어 우리는 브라흐만 사제에 의해 기억, 보존, 전승되지 않은 왕과 사제의 이름을 영원히 알 수 없다. 이와 비슷하게 당시의 사회, 경제적 발전에 대해서도 우리는 브라흐만 사제가 중요하다고 판단하여 남긴 것들만 알 수 있을 뿐이다. 종교의 역사도 마찬가지이다. 우리는 절대로 베다 문헌이 작성된 시기의 사회와 역사에 대해 완전하게 알 수 없다. 우리가 아는 것은 베다 문헌을 보존하고 전승한 브라흐만 사제를 통해서 걸러진, '그들이 중요하다고 여긴' 사실 뿐이다. 우리는 항상 이러한 한계를 인식하며 베다 문헌을 이용해야 한다.

그러나 이러한 위험만이 전부는 아니다. 역사가들은 대개 자신이 지닌 편협한 시각으로 복잡한 문제를 다루려 한다. 제일 무서운 것은 인도인이 세계에서 제일이고 최고라는 생각을 가진 사람이 베다를 연구하는 경우이다. 그에게 베다는 절대적인 권위를 갖는 문헌일 뿐만 아니라 가장 살기 좋았던 시기에 쓰인 문헌이기도 하다. 베다 문헌이 인도의 가장 초기에 속하는 문헌이기는 하지만 베다 문헌이 작성되었던 시기를 모든 것이 다 좋았던 황금시절이라 여기는 것에는 큰 무리가 따른다. 동시에 이는 당시를 이해하려는 우리의 노력에 심각한 왜곡을 불러일으킨다. 이제부터 왜 이런 것이 문제가 되는지 살펴보도록 하자. 우리는 다음의 세 주제를 다룰 것이다.

- 하랍빠 문명과 베다 문학을 일치시키려는 시도
- 여성의 지위를 포함한 베다 시대의 묘사
- 모든 종교적 발전의 기원을 베다에 두려는 시도

7. 하랍빠 문명은 얼마나 베다와 비슷한가?

1920년대 이후로 고고학적 발굴이 시행되면서 하랍빠와 모헨조다로(Mohenjodaro) 등의 고대 도시가 모습을 드러냈고 그 결과 탄생한 하랍빠 문명은 교육받은 인도인들을 한 순간에 매료시켰다.[26] 잘 정비된 도로와 하수 체계를 지니며 정교한 도시 계획으로 완성된 하랍빠 문명의 도시들은 다른 어떤 문명과 견주어도 손색이 없을 만큼 높은 완성도를 보였다. 또한 문자의 사용과 원거리 무역을 통해 자원의 이동이 있었다는 사실도 확인되었다. 하랍빠 문명의 네트워크는 아프가니스탄(Afghanistan)에서 인도 중부의 강가-야무나 도압까지, 발루치스탄(Baluchistan)에서 까슈미르(Kashmir), 구자라뜨(Gujarat), 마하라슈뜨라(Maharashtra)까지 이어졌으며 오늘날 이라크의 메소포타미아(Mesopotamia) 문명과 교류를 하는 등 실로 그 범위가 광대하였다. 이로써 하랍빠 문명이 지닌 독특함이 세상에 알려졌다.

하랍빠 유적지

모헨조다로 유적지

---

26 1920년 사흐니(Daya Ram Sahni)가 하랍빠를, 1921년 바네르지(R. D. Banerji)가 모헨조다로를 발굴했고 이들의 보고서를 토대로 하여 1924년에 인도 고고학조사국(ASI, Archaeological Survey of India)의 국장이었던 마샬(John Marshall)이 새로운 문명의 존재를 전 세계에 알릴 수 있었다. '인더스 계곡 문명(Indus Valley Civilization)'으로 발표된 문명은 이집트나 메소포타미아 문명처럼 오래된 문명의 하나로 각 도시의 역사가 오천년이나 되었다는 것이 공표된 내용의 핵심이었다.

하랍빠 문명을 발굴한 사람들은 이 문명이 베다 이전 시기에 속한다고 생각했다. 하지만 지난 몇 십년동안 일부 사람들이 하랍빠 문명이 실제로 베다 문명이라는 것을 주장해 오고 있다. 이들은 초기 베다 문헌이 작성된 지역과 하랍빠 문명이 번성했던 지역이 일치하며 그 둘 사이에는 공통점이 많다고 지적하고 있다. 몇 가지 사실에 근거하여 이러한 주장을 하는 사람들의 요지를 살펴보고 어느 정도 타당성이 있는지를 따져보자.

(1) 문자의 문제

하랍빠 유적지에서 발굴된 인장들은 매우 독특하다. 인장은 대체로 정사각형 혹은 직사각형의 모양을 하고 있다. 그리고 매우 부드러운 활석(soapstone) 혹은 동석(steatite)이라는 돌로 만들어졌다.[27] 일반적으로 인장의 표면은 두 부분으로 나뉘는데, 한 부분은 동물의 모양이 찍혀있고 다른 한 부분에는 문자가 쓰여 있다. 하지만 인장에 쓰인 문자가 아직까지 해독되지 않고 있다. 지금까지 하랍빠 문명의 언어와 문자를 연구한 학자들은 그 문자가 그림 문자(pictography)의 일

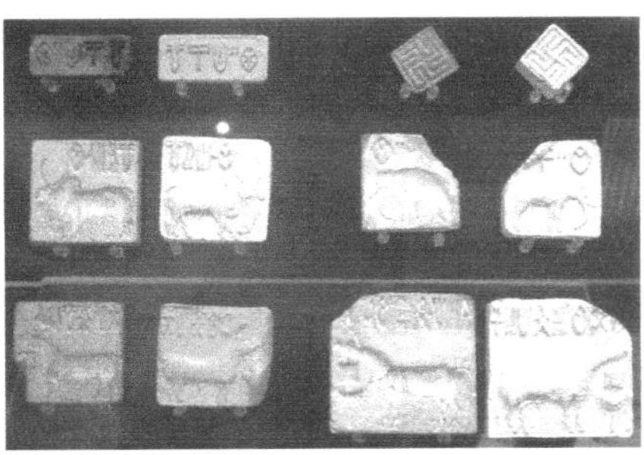

하랍빠 인장 모음

구자라뜨 주 돌라비라(Dholavira) 성채의 북쪽 문에서 발견된 하랍빠 문자

27 하랍빠 인장의 평균 크기는 2.54cm 정도이지만 큰 것은 6.35cm에 이른다. 이 중 어떤 것은 구멍이 뚫려 있어 묶거나 매달 수 있도록 만들어졌다. 그 수가 한정적이긴 하지만 원통형과 원형의 인장이 발견되기도 했다. 대부분이 동석과 활석으로 만들어졌지만 모헨조다로에서는 유니콘 모티프를 지닌 은銀으로 만든 인장이, 로탈에서는 구리로 만든 인장이 출토되었다.

종이며 아마도 각 문자는 고유한 상징 혹은 아이디어를 나타내고 있을 것이라는 사실을 도출해 내었다.

문자의 해독 과정은 엄청나게 지난하고 고된 작업이다. 어디에서나 문자 해독이 이루어질 수 있지만 반드시 둘 혹은 세 개 이상의 문자가 동시에 쓰여 있어서 이들을 비교해야만 진정한 문자의 해독이 가능해진다. 하랍빠 문자를 연구하는 학자들은 알려진 것에서 알지 못하는 것을 추적하는 방법으로 문자의 해독을 시도하고 그것이 의미하는 바를 알아내려 노력하고 있다. 예를 들어 고대 메소포타미아에서 사용된 설형문자(cuneiform)는 고대 페르시아어와 아카디어(Akkadian, 메소포타미아 지역의 언어 중 하나)가 동시에 쓰인 비문을 통해서 해독되었다. 그리고 고대 이집트에서 사용된 상형문자는 그리스어와 상형(hieroglyphic) 문자가 동시에 쓰인 문헌을 분석함으로써 해독할 수 있었다. 하지만 우리는 하랍빠 문자가 다른 문자와 동시에 쓰인 어떤 비문이나 문헌을 가지고 있지 않다. 이 때문에 하랍빠 문자의 해독 가능성은 매우 낮다고 예측된다.

또 하나 분명한 것은 하랍빠 문자는 이후 시대에 인도아대륙과 다른 지역에서 발전한 모든 언어와 문자와 공통점이 별로 없다는 점이다. 이 문자가 해독되지 않는 이상 여러 인장들에 쓰인 문자와 그로인한 당시 사회의 언어에 대한 지식은 얻을 수 없다. 인장에 쓰인 글자의 수가 매우 적다는 것도 해독을 더 어렵게 만드는 요인이다. 이 때문에 설사 문자가 해독된다고 해도 우리는 인장에 쓰인 것을 토대로 매우 한정적인 정보, 예를 들어 인장을 소유했던 사람의 이름이나 지위 혹은 인장이 만들어지거나 사용되었던 장소와 같은 것만을 알게 될 수 있다. 일반적인 언어와 관련된 지식을 얻기에는 많은 제약이 따른다. 현재 우리가 가진 지식으로 볼 때 하랍빠 문자에 대한 최선의 답은 어떤 문자가 하랍빠 인장에 새겨졌는지 모른다는 것이다. 결국 하랍빠 문명의 문자를 안다고 주장하는 사람은 거짓을 말하고 있는 것이다. 아마 그들은 하랍빠 문자를 이용해 자신의 이익을 취하려 하는 것일 수 있다. 우리는 이를 경계해야 한다.

이렇게 하랍빠 문자와 관련된 모든 것이 불확실한 상태에서 이 문자가 산스크리트의 변종으로 쓰였다고 하는 주장이 계속해서 반복적으로 제기되는 현상은 참으로 놀랍다. 이러한 주장은 과학적 원리와 분석에 근거해서 문자를 해독하지 않은 채 그냥 주장만을 되풀이한다는 특성을 지닌다. 그럼에도 불구하고 꾸준하게 이러한 주장이 제기되는 이유가 거짓이라도 반복적으로 계속 주장하다 보면 어느 순간에 자신의 주장이 사실로 받아들여지지 않을까 하는 그들의 희망 때문이리라.

(2) 사라스와띠 미스터리

우리는 최근에 하랍빠 문명이란 이름이 '사라스와띠 문명' 혹은 '인더스-사라스와띠 문명'으로 바뀌어야 한다는 주장을 자주 접한다. 왜 이러한 일이 벌어지는 것인가? 우리는 힌두 신들 가운데 지식의 여신으로 알려진 사라스와띠에 대해 잘 알고 있다. 그러나 베다 문헌, 특히『리그베다』에서 사라스와띠는 강의 이름으로 나타난다.『리그베다』에는 강을 찬양하는 찬가(nadistuti, 10.75)가 등장하는데 사라스와띠는 인더스 강과 그의 다섯 지류를 포함한 일곱 개의 강들 중 하나로 언급된다. 분명히 사라스와띠 강은『리그베다』가 작성될 즈음에 중요하게 여겨지던 강이었음이 틀림없다. 이 강에서 떠온 물이 왕의 대관식 혹은 라자수야 의례와 같은 특별한 경우에 사용되었다고 기록되어 있다.

이것이 어떻게 하랍빠 문명과 연결되는가? 하랍빠 문명의 규모가 작은 유적지들 가운데 일부는 각가르-하끄라(Gaggar-Hakra) 계곡을 따라 형성되어 있다. 각가르-하끄라 강은 히말라야의 시왈리끄(Shivalik) 언덕에서 시작된다. 하랍빠 문명의 주인공이 사실은 베다를 작성한 사람과 동일하다고 주장하는 사람들은 각가르-하끄라 강이 사라스와띠 강과 일치한다고 생각한다. 그리고 더 나아가 사라스와띠 강이 하랍빠 문명을 가능하게 한 주요한 강이라는 주장을 펼치고 있다.

위와 같은 주장은 몇 가지 문제점을 지닌다.

사라스와띠 여신

– 새로운 문명을 이름 지을 때 오래된 고고학적 관습은 처음으로 발굴한 유적지의 이름을 따서 부르는 것이다. 하랍빠 문명 역시 첫 번째로 발굴된 도시, 하랍빠의 이름으로 불리게 되었다. 왜 이렇게 오래된 관행을 깨고 새로운 이름을 사용해야 하는가? 오늘날 하랍빠가 파키스탄에 있기 때문인가?

– 하랍빠 문명이 전성기에 도달해 가장 발전된 도시의 형태를 갖춘 시기를 일컬어 '절정기(기원전 2700년경 시작되는)'라 부른다. 이것에 선행하는 시기는 '하랍빠 이전 시기' 혹은 '초기 하랍빠 시기'이다. 이 시기에 발루치스탄, 신드, 뻰잡, 라자스탄(Rajasthan) 지역에서 거주지들이 형성되었다. 절정기의 하랍빠 문명은 이 모든 지역들의 상호작용을 통해 이룩된 것이었다. 각가르–하끄라 강이 하랍빠 문명의 중심이고 여기에서부터 모든 발전이 시작되었다는 일부 사람들의 주장은 현재까지 진행된 고고학적 발굴의 결과와 일치하지 않는다.

– 각가르–하끄라 계곡에서 발견되는 하랍빠 유적지에는 특이한 점이 있다.

그들 대부분은 규모가 작다. 간웨리왈라(Ganweriwala) 유적지가 예외적으로 큰 규모를 지니고 있지만 아직까지 발굴되지 않고 있다. 현재까지 하랍빠 문명의 가장 잘 알려진 유적지는 하랍빠와 모헨조다로이다. 이 때문에 각가르-하끄라 지역이 하랍빠 문명의 핵심이었다는 주장을 입증할 증거가 현재로서는 매우 부족하다고 할 수 있다.

– 마지막으로 우리는 각가르-하끄라 강이 『리그베다』에 언급된 사라스와띠 강과 일치한다는 그 어떤 증거도 갖고 있지 못하다. 아프가니스탄 지역에도 사라스와띠라 불리는 강이 존재했고 베다 문헌의 작성자들 역시 아프가니스탄 지역을 잘 알고 있었다는 사실을 상기한다면 문헌에 등장하는 사라스와띠 강이 과연 어느 지역을 흘렀는가 하는 물음에 명확한 답을 제시할 수 없을 것이다.

그렇다면 이렇게 논란이 되는 사라스와띠 강의 중요성을 계속해서 주장하는 목적은 무엇인가? 그것은 바로 사라스와띠 강이 부각되면 될수록 베다와 하랍빠 문명을 이룩한 사람들을 공통적으로 묶을 수 있기 때문이다. 왜 이러한 시도가 계속해서 있는 것인가? 이것은 우리가 앞으로 더 생각해봐야 할 문제이다. 현재로서는 하랍빠 문명이 사라스와띠 문명으로 불리는 것은 잘못되었다는 것만을 명심하자.

(3) 말馬의 흔적

지난 몇 년간 말에 대한 관심이 증대했다. 그리고 하랍빠 문명에 말의 흔적이 있는지에 대한 논쟁이 뜨겁게 일었다. 왜 말의 흔적이 중요한가?

말은 소와 함께 『리그베다』에 빈번하게 언급되었다. 신들은 종종 말과 비교되었고 말이 이끄는 수레를 타고 희생제의 현장에 나타나기도 했다. 이외에도 부富와 재물을 바라는 기도문에서 말이 재산의 하나로 그려졌다. 후기 베다 전통에서 아슈와메다 혹은 말 희생제의는 당시 사회의 중심적인 의례로 여겨졌다. 분명히 말은 베다 문헌을 만든 사람들에게 매우 중요한 동물이었음을 알 수 있다. 이 때문에 하랍빠 문명을 이룩한 이들이 베다를 작성한 사람과 동일하다고 주장하는 사람들은 반드시 하랍빠 문명에서 말의 존재를 찾아내야만 한다.

그들은 어떤 종류의 증거를 찾았는가? 첫째, 고고학적 발굴이 이루어지는 동안 동물의 뼈가 발견되기도 하는데, 이는 당시에 그 동물이 실제로 존재했다는 직접적인 증거가 된다. 또한 당시 사회에서 그 동물이 이러저러한 용도로 사용되었다는 증거도 된다. 하지만 하랍빠 유적지에서 발견되는 말의 뼈는 위와 같은 주장을 지지하는 증거로 사용되지 못할 만큼 미미하다. 특히 당시에 중요하게 취급되었던 소의 뼈와 비교했을 때 둘의 차이는 상당하다.

둘째, 고고학 발굴을 통한 말의 뼈로 말의 흔적을 찾아내기 쉽지 않자 베다와 하랍빠 문명을 일치하려는 사람들은 간접적인 증거를 찾으려 노력한다. 특히 그들은 하랍빠 유적지에서 발견된 인장과 조각에서 말의 모습을 찾아내려 애쓰고 있다. 여기에서 이야기는 이상하게 흐른다. 필사적으로 말의 흔적을 찾아야 하는 사람들에 의해 증거가 왜곡되고 있기 때문이다. 그들은 증거를 조작하여 말의 흔적을 만들어 내고 있다. 일례로 한 학자는 자신이 말의 모습이 그려진 인장을 찾았다고 발표했는데, 그것은 컴퓨터 그래픽으로 만든 가짜 말이었다! 테라코타 말이라 주장되는 모습도 종종 목격되지만 그것 역시 네 발을 가진 동물이라는 특징을 빼면 말이라고 특정할 수 없을 만큼 조악하고 불분명한 것들이다. 이렇게 우리는 다음과 같은 결론에 도달할 수 있다. 하랍빠 문명에서 말의 존재는 분명하게 확인되지만 베다 전통에서 보이는 바와 같이 당시 사회에서 상당한 중요성을 지녔는지에 대해서 확인할 수 없다는 것이다.

8. 하랍빠 문명과 베다 전통 사이의 유사점

우리는 어떻게 역사가들이 문헌에 남겨져 있는 기도문과 비유 그리고 의례에서 사용되었던 다양한 자원들이 언급되어있는 문구를 통해서 베다 경제의 역사를 구축할 수 있었는지 앞에서 살펴보았다. 하랍빠인들의 경제를 재구성하려는 고고학자들 역시 다양한 종류의 증거를 활용한다. 긴 시간 동안 사라지지 않고 전해진 금속과 돌로 만든 물건, 나무와 옷 등에서 떨어져 나온 조각들이 고고학자가 주목하는 증거이다.

– 고고학자들은 하랍빠인이 다양한 공예품을 생산했다고 주장한다. 하랍빠인은 항아리와 같은 저장용기를 만들고 구리와 청동으로 도구를 제작했으며 각종 무기와 그릇, 금과 은으로 만든 다양한 장신구 등을 만들었다. 특히 여러 종류의 준보석이 사용된 구슬 공예는 매우 뛰어난 예술적 가치를 지닌다. 이밖에도 돌을 활용하여 인장을 만들고 조각을 남겼으며 옷감을 생산했다. 고고학자들은 하랍빠의 완성된 공예품이 표준화된 규격으로 생산되었다는 사실을 보여준다. 그리고 이러한 표준화가 원재료를 관리하고 생산 공정을 감시하는 중앙 조직이 존재했기 때문에 가능했었다고 주장하며 당시의 공예 생산 활동이 매우 조직적이고 체계적으로 이루어졌다는 점을 피력한다.

– 하랍빠인이 바닷길을 통해 메소포타미아와 교역을 행했다는 증거들이 발견되었다.[28] 인도아대륙 내의 여러 지역과 그 밖의 지역에서 자원을 획득하고 수

---

28 메소포타미아의 기록에 의하면 기원전 2300년경 사르곤(Sargon) 왕이 딜문(Dilmun), 마간(Magan), 멜루하(Melluha) 지역으로 배를 보냈다고 전해진다. 이 지역은 메소포타미아를 기준으로 하여 동쪽 지역 전체를 의미하며 딜문은 바레인(Bahrain), 마간은 오만(Oman), 멜루하는 인더스 계곡을 뜻한다. 이와 함께 메소포타미아 여러 지역에서 원통형 모양을 지니며 하랍빠 모티브가 사용된 인장이 출토되어 두 지역이 직, 간접적으로 교류했다는 것이 알려지게 되었다.

하랍빠 도기와 구슬공예품

이란(Iran) 수사(Susa)에서 발견된 하랍빠 문명의 홍옥수(Carnelian) 구슬들

송했다는 증거들도 함께 발견되었다.[29]

– 하랍빠인이 쟁기를 사용한 농업을 시행하고 다양한 농작물을 경작했다는 사실도 알려졌다.[30] 이렇게 잘 발달된 농업 체계는 도시 문화를 이룩하는데 있어서 가장 중요한 원천으로 작용할 수 있었다.

---

29 파키스탄 신드의 수꾸르(Sukur)와 로흐리(Lohri)의 석회암 산지에 위치했던 공장에서는 가공한 날(chert blade)이 대량으로 생산되었다. 인도 라자스탄의 케뜨리(Khetri) 광산은 구리의 중요한 공급지였다. 납과 아연도 라자스탄에서 주로 생산되었다. 주석은 현재 인도 하리아나의 또삼(Tosam)에서도 생산되고 있지만 당시에는 아프가니스탄과 중앙아시아로부터 공급받았을 것이란 주장이 힘을 얻고 있다. 금은 인더스강 상류와 까르나따까의 꼴라르(Kolar)에서 얻어졌다. 다양한 종류의 준보석들은 인도 구자라뜨 지역에서 생산되었지만 청금석(Lapis Lazuli)만큼은 아프가니스탄과 발루치스탄으로부터 가져왔다고 한다.

30 지역에 따라서 재배된 곡식이 다양하게 나타난다. 밀은 모헨조다로와 하랍빠에서, 보리는 모헨조다로, 하랍빠, 깔리방간(Kalibangan)에서, 깨는 하랍빠에서 재배되었다. 수박씨와 완두콩, 대추야자 등의 흔적이 하랍빠에서 나왔고 쌀은 하랍빠, 깔리방간, 로탈, 랑그뿌르(Rangpur)에서 생산되었다. 수수는 하랍빠, 수르꼬따다(Surkotada), 쇼르뚜가이(Shortugai)에서 흔적이 확인되었고 이 밖에 포도, 헤나, 면화의 생산도 이루어졌다.

– 마지막으로 하랍빠인이 목축업과 사냥, 어업에도 종사했다는 것이 밝혀졌다.

고고학자들이 찾아낸 위와 같은 증거를 초기 베다 전통에서도 발견할 수 있을까? 제일 먼저 작가들이 사용했던 비유를 분석해보자. 앞서 말한 바와 같이 베다 문헌의 작성자는 자신이 만뜨라를 짓는 행위를 목수 혹은 방직공의 작업과 비교해서 설명한다고 했다. 하지만 금속 세공사의 작업과 비교하여 나타난 구절은 좀처럼 찾아볼 수 없다. 결국 하랍빠 문명에서 특징적으로 보이는 금속 관련 공예품 생산이 초기 베다 문헌이 작성되고 결집된 시기에는 시행되지 않았음을 알 수 있다.

원거리 무역은 어떠한가? 초기 베다 문헌에도 배(boat)와 바다(samudra)에 대한 비유가 나타나기는 하지만 문헌에 쓰인 사무드라는 바다란 의미보다 많은 양의 물이라는 의미로 사용되었다고 보는 견해가 지배적이다.

베다 문헌에 농업을 유추할 수 있는 비유가 나타나지만 이 역시 그 수가 너무 미미하다. 베다를 작성한 이들은 경작 과정에 대한 관심이 그리 크지 않았다고 볼 수 있다. 사냥과 어업 역시 초기 베다 전통에서 매우 드물게 나타난다. 초기 베다 문헌에서 가장 활발하게 나타나는 활동은 목축업이었다. 이것과 관련한 비유는 수백 개에 이를 정도로 빈번하게 나타난다. 따라서 하랍빠 문명과 초기 베다 문헌에 나타나는 사회의 경제를 비교해 보면, 목축업을 제외하고 둘 사이의 공통점을 찾아보기 힘들다고 볼 수 있다. 하지만 공통으로 나타나는 목축업은 하랍빠 문명에서 지배적인 위치를 차지하지 못했다. 결국 고고학적, 문헌학적 증거 모두 하랍빠 문명과 초기 베다 전통은 서로 다른 것이라는 결론을 보여준다.

베다 기도문에 대한 분석은 어떠한가? 우리는 베다 기도문에서 수공예품을 생산하는 장인이 숙련된 기술의 달성을 바라거나 혹은 원거리 교역에 성공하여 진귀한 재료의 획득을 소망하는 구절을 찾아낼 수 없다. 농업 생산의 풍요로움을 기원하는 것 역시 아주 극소수로 나타난다. 반대로 소에 대한 갈망과 욕구는 가장 많이 그리고 자주 등장하고 있다. 또한 초기 베다 문헌에는 돌로 만든 기구나 도구에 대한 언급이 나타나지 않는다. 그리고 곡물을 뜻하는 용어 역시 야바(yava)라는 일반적 형태 하나만이 언급될 뿐이다.

이제 우리는 좀 더 안전한 결론을 내릴 수 있게 되었다. 비록 한정된 고고학적, 문헌적 증거로 전체 경제 활동을 재구성하는 것은 불가능하지만 그럼에도 불구하고 우리는 하랍빠 문명의 경제와 초기 베다 전통에서 보이는 경제가 상당히 다르다는 것을 확실히 알 수 있다.

(1) 하랍빠 종교

우리는 초기 베다 문헌이 만뜨라로 이루어져 있고 이를 통해서 당시의 종교 역사를 재구성할 수 있음을 앞에서 살펴보았다. 이것이 하랍빠 거주지의 고고학적 발굴을 통해서도 가능한가? 혹시 그것이 가능하다면 어떤 고고학적 발견에 종교적이라는 표식을 붙일 수 있는가?

만약 우리가 초기 베다 전통의 핵심적 요소를 정의한다면 희생제의의 수행, 공물의 봉헌, 동물 희생제의, 소마 즙 마시기 등이 포함될 것이다. 그리고 중심에 아그니, 인드라, 소마의 세 신이 자리하고 있을 것이다. 하지만 초기 베다 전통에서 신은 인격화된 용어로 등장하지만 구체적인 이미지로 형상화되지는 않았다. 또한 사원 숭배 모습도 찾아볼 수 없다.

그렇다면 하랍빠의 증거들은 어떠한가? 일반적으로 인장에 새겨진 동물이 종교적으로 중요하게 여겨졌다고 이해된다. 확실하지는 않지만 가능성이 있다. 만일 그렇다면 하랍빠인들이 숭배했던 동물은 하나의 뿔을 가진, 고고학자들이 유니콘이라 부르는 동물일 것이다. 하지만 이 신화적인 동물은 초기 베다 문헌에는 나타나지 않는다.

'유니콘'으로 불리는 동물이 새겨진 하랍빠 인장

이 밖에 하랍빠 유적지에는 불가사의한 건축 구조물이 존재한다.[31] 이 중에 잘 알려진 것이 모헨조다로의 대욕탕(Great Bath)이다. 이것은 매우 독특한 구조물로 그 쓰임새가 아마도 의례적인 목욕을 위해 만들어진 장소일 것이라고 추정되어져 왔다. 만일 이러한 추정이 옳다고 하면 이 역시 초기 베다 문헌에서 찾아볼 수 없는 특이한 종교 행위의 하나로 볼 수 있다.

테라코타로 만든 여성의 조각품도 다량으로 발견되었다. 이들은 대개 지모신(Mother Goddesses)으로 불렸다. 하지만 우리는 테라코타 소상이 실제로 지모신으로 숭배되었는지 알 수 없다. 만약 당시에 실제 지모신 숭배가 존재했다면 이 또한 초기 베다 전통과 구별되는 점이라 할 수 있다. 왜냐하면 초기 베다 전통에

---

31 '대욕탕', '곡물창고(Granary)'와 같은 하랍빠 유적지에서 발견된 구조물의 이름은 그것을 발견한 서구 학자들이 붙여준 경우가 대부분이고 현재까지 변하지 않고 계속해서 불리고 있다. 하지만 이러한 이름은 정확한 증거 없이 붙여졌기 때문에 좀 더 많은 하랍빠 문명의 유적지가 발굴되어 다양한 증거들이 확보된 후에 반드시 적합한 이름으로 변경되어야 한다.

모헨조다로의 대욕탕

지모신으로 불리는 테라코타 소상

서 여신에 대한 숭배는 지극히 제한적으로 나타나기 때문이다.

로탈, 깔리방간 등의 하랍빠 유적지에서 불의 제단(fire altars)이 발견되었다. 이들은 하랍빠와 모헨조다로 같은 주요한 유적지에서 발견되지 않았다. 우리는 이로써 베다 의례가 어떤 지역에서는 행해지고 또 어떤 지역에서는 행해지지 않았는가 하는 의문을 제기할 수 있다. 이에 대한 답은 매우 복잡하다. 하지만 고대 시대에 다양한 지역의 사람들이 불을 숭배하고 희생제의를 수행하는 전통을 가지고 있었다는 사실을 기억한다면 불의 제단이 곧 베다 의례와 동일하다는 주장에 대해서는 조심스러운 태도를 취할 필요가 있다.

우리는 시작하면서 다음과 같은 질문들을 던졌다.

– 하랍빠 인장에 쓰인 문자가 산스크리트인가?
– 하랍빠 문명의 핵심이 사라스와띠 강인가?
– 하랍빠 문명에서 중요한 동물 중 하나가 말인가?

이에 대한 답은 모두 "그렇지 않다" 이다.

또 다른 두 개의 질문은 다음과 같았다.

– 하랍빠 문명의 경제가 초기 베다 전통의 경제와 비슷한가?

– 하랍빠 문명의 종교적 신념과 행위가 초기 베다 전통의 종교적 활동과 일치하는가?

우리는 이 질문들에도 똑같이 부정적인 대답을 할 수 밖에 없다.

그리고 이제 모든 증거가 이렇게 부정적임에도 불구하고 왜 그들은 필사적으로 하랍빠 문명을 베다 전통과 일치시키려 하는가에 대한 물음이 남았다. 우리는 이 문제를 살펴볼 것이다. 하지만 그 전에 베다 문헌에 나타난 당시 사회의 모습은 어떠했는지를 먼저 자세히 들여다보도록 하자.

(2) 베다 문헌에 나타난 사회

하랍빠 문명과 초기 베다 전통을 일치시키려는 자들은 베다 문헌에 나타난 사회를 특정 방식으로 이해하고 있다. 그들은 베다 사회를 아리아인의 사회로 보았다. 아리아인의 사회는 여성이 특별한 지위를 누릴 수 있고 아주 엄격하지는 않았지만 바르나 체계가 존재하는 곳이었다.

아리아인의 사회를 깊숙이 살펴보기 전에 우리가 명심해야 할 것이 하나 있다. 그것은 베다 문헌에 나타난 사회는 고정된 단 하나의 사회가 아니라는 점이다. 방대한 양을 지닌 베다 문학은 오랜 시간과 넓은 지역에서 다양한 발전 과정을 거치면서 형성되었다. 그리고 시간이 지나면서 사회에서 중시되는 가치와 규범들은 계속해서 변화했다. 이 때문에 『리그베다』를 작성한 작가들의 관심과 태도가 다르마 수뜨라를 지은 사람들의 사고와 다를 수밖에 없다. 만일 우리가 전체 베다 문학을 상대로 연구한다면 우리는 '시대에 따른 변화'를 염두에 두어야 한다. 동시에 우리는 각 문헌을 작성한 작가의 사회적 배경도 유심히 살펴보아야 한다. 그들은 대부분 사제 계급이었고 그들이 작성한 문헌은 결국 그들의 관심과 이익을 대변하고 있기 때문이다. 이러한 것을 조심하면서 다음을 살펴보자.

1) 아리아인은 누구인가?

흔히 베다의 작성자들은 아리아인이라 불린다. 이제 이것이 적절한지 따져 볼 때가 되었다. 아리아(arya)라는 용어는 사실 이백년 전부터 그 중요성이 인식되었다. 유럽인들이 산스크리트를 공부하기 시작했을 때 그들은 산스크리트가 유럽 언어들과 어떤 공통점이 있다고 생각했고 인도-유럽어족 이라는 큰 언어 집단에서 파생된 언어 중 하나가 인도-아리아어라고 보았다. 인도-아리아어에는 이란어, 산스크리트어 등이 포함되어 있다.

인도-유럽어족의 발견은 매우 흥미로웠지만 동시에 여러 문제를 야기했다. 가장 큰 문제가 같은 언어를 사용하는 사람들이 같은 혈통으로 이루어졌는가 하는 문제였다. 19세기 식민 상황 속에서 같은 어족에서 파생된 두 언어를 지닌 집단이 하나는 통치자로 다른 하나는 피지배자로 분리될 수밖에 없었기 때문이었다. 이에 대한 답은 쉽게 찾아지지 않았고 현재도 찾아지지 않는다. 하지만 오늘날 우리는 언어와 인종이 일치하지 않을 수 있다는 것을 합의한 상태이다.

여기에서는 초기와 후기 베다 전통에서 아리아가 어떤 의미로 쓰였는지를 중점적으로 살펴 볼 것이다. 먼저 아리아라는 용어가 누군가의 정체성을 묘사하기 위해 사용되었던 용어 중 하나이며 결코 중요하게 취급되지 않았다는 것을 명심할 필요가 있다. 이 용어는 『리그베다』에 30번쯤 등장하는데 이 문헌이 천 개가 넘는 찬가들로 구성되어 있다는 점을 상기한다면 이 숫자가 매우 적은 수를 뜻한다는 것을 알 수 있다. 정체성을 나타내는 용어 중 빈번하게 사용된 것은 '자나(jana)'와 '비시(vish)'였다. 두 용어는 모두 부족이라는 의미로 해석된다. 예를 들어 사람들은 바라따(Bharata) 자나 · 바라따 비시, 또는 뿌루(Puru) 자나 · 뿌루 비시로 표현하여 자신이 어느 부족에 속해 있는지를 나타냈다. 또 다른 정체성을 표현하는 단어는 가문 혹은 씨족을 의미하는 용어였다. 아뜨리(Atri)[32], 고따마(Gautama)[33], 비슈와미뜨라(Vishvamitra)[34], 바시슈타(Vasishtha)[35] 같은 성인들은 자신이 어느 가문 혹은 씨족에 속해 있는지를 밝히고 있다.

아리아라는 용어는 매우 특정한 환경에서 사용되었다는 것을 알 수 있다. 이 용어는 대개 인드라 신께 바치는 찬가에 등장한다. 특히 아리아인이 다사(dasa) 혹은 다슈(dasyu)라 불렸던 선주민을 물리치는데 있어서 어떻게 인드라 신의 도움을 받았는지가 자세히 언급되었다. 학자들은 이것을 조심스럽게 분석했고 아리아와 다사 사이에는 문화적인 차이점이 있음을 알아냈다. 그들은 서로 다른 언어를 사용했고 상이한 종교 활동을 수행했다.

하지만 우리가 유념해야 할 것은 아리아인과 다사 간의 전쟁이 초기 베다 문헌에 나타나는 유일한 전투 혹은 주요한 전투가 아니라는 점이다. 그것보다는 각 만뜨라를 작성한 작가 자신의 부족이 다른 부족과의 전투에서 승리하고 그로인해 번영하는 것을 기원하는 내용이 훨씬 더 많은 양을 차지한다.

그럼 후기 베다 전통에는 이러한 상황이 변화했는가? 답은 "어느 정도 그렇다" 이다. 아리아라는 용어는 이제 슈드라와 반대되는 개념으로 쓰이게 되었다.

---

32 고대 인도의 성자로 아그니, 인드라와 다른 베다 신들에 관한 찬가를 썼다고 알려졌다. 아뜨리는 고대 인도 '7명의 성자(saptarishi)' 중 한 명이었다. 『리그베다』 다섯 번째 책(mandala)에 등장하는 87개의 찬가가 '아뜨리 만달라'로 불리며 그와 그의 후손들이 작성했다고 전해진다.

33 고대 인도의 '7명의 성자' 중 한 명이었다. 『리그베다』 첫 번째 책에 나오는 대다수 찬가를 지었다고 알려졌다. 이후 시대 고따마 고뜨라(gotra, 씨족)의 선조가 되었다.

34 고대 인도의 '7명의 성자' 중 한 명으로 가야뜨리 만뜨라를 포함하여 『리그베다』 세 번째 책의 찬가를 지었다고 알려졌다.

35 가장 칭송받는 고대 인도의 성자 중 한 명으로 리그베다 일곱 번째 책의 찬가를 작성했다고 알려졌다. 바시슈타와 그의 가족이 리그베다 열 번째 책(10.164.4)을 비롯하여 여러 곳에 언급되어 있다. 그의 사상은 아디 샹까라가 베단따 철학의 첫 번째 성자로 바시슈타를 지목할 정도로 이후 시대의 철학에 강력한 영향력을 미쳤다.

아리아는 상위 세 바르나(브라흐만, 끄샤뜨리야, 바이샤)를 의미했다. 후기 베다 문헌에는 아리아가 슈드라를 복종시키려는 시도들과 함께 브라흐만과 끄샤뜨리야 사이의 갈등, 끄샤뜨리야와 바이샤 간의 긴장 관계 등이 드러나 있다. 이렇듯 아리아–슈드라 간의 구분은 이 시대를 특징짓는 유일한 구분도 아니었고 사회의 중요한 구분도 아니었다고 볼 수 있다.

불교를 포함하는 후대의 전통에서 아리아 혹은 앗자(ajja)는 '고귀하고 고결한 사람'을 일컫는 용어로 사용되었다. 즉 이 시기에 이르러 아리아는 특징적인 삶의 양식과 연결되었다.

우리는 다음과 같은 결론을 내릴 수 있다.

– 아리아라는 용어가 베다 전통에서 사용되기는 하지만 유일하거나 중요한 용어로 취급되지는 않았다.

– 아리아라는 용어보다 사회적 정체성을 나타내는 다른 용어들이 좀 더 빈번하게 사용되었고 사회적 긴장과 전투는 당시에서 일상적인 것이었다.

– 하지만 이러한 긴장과 전투는 아리아를 중심으로 해서 일어나지 않았다.

2) 여성과 베다 전통

우리는 베다 문헌에 나타난 사회에서 여성이 명예로운 자리를 차지하고 있었다는 사실을 잘 알고 있다. 이러한 인식은 초기 베다 문헌에 나타난 여성 성자들의 존재를 근거로 하여 형성된 것이다. 여성은 베다 만뜨라를 작성하고 철학적 논쟁에도 활발히 참여하는 인물로 그려졌다. 이를 통해 우리는 당시 사회에서 여성이 교육을 받을 수 있다는 것을 알 수 있었다.

또 다른 모습으로 결혼 연령이 상대적으로 높았다는 점이 지적된다. 그리고 사띠(sati)[36]의 예를 찾아볼 수 없으며 과부의 재가가 허용되었다. 마지막으로 여성이 의례에 참가할 수 있는 권리가 있었다는 것이 특징으로 언급된다. 사실상 어떤 희생제의도 아내의 참여 없이 완성되지 않았다. 이와 같은 주장들을 좀 더 자세히 살펴보고 다른 해석의 여지가 없는지 따져보자.

우선 초기 베다 전통에서 찾을 수 있는 여성 성자들의 수가 지극히 적다는 점을 지적할 수 있다. 『리그베다』의 전체 찬가 중에 여성이 지은 것은 약 1%만을 차지한다. 이렇게 작은 비중을 차지하고 있는 여성이 일반적으로 교육에 접근이 가능했고 종교 의례를 위한 찬가를 지을 수 있었다고 주장하는 것은 무리가 따른다.

만일 우리가 결혼의 문제를 점검한다면 초기 베다 만뜨라에서는 상대적으로 유연한 성性적 관계가 나타나는 것을 알 수 있다. 그러나 다르마 수뜨라가 작성될 시점이 되면 이상적인 결혼에 대한 기준이 만들어진다. 이러한 기준에 의해서 같은 바르나에 속한 남성과 여성이 결혼할 수 있게 되었고 가장 이상적인 결혼 형태는 여성 측의 선물을 포함하는 깐냐다나(kanyadana)[37]였다. 이렇게 이상적인 결혼에서 여성은 인간으로서의 주체성을 잃어버리고 단지 물건으로 취급되었다. 여성은 물건 중에서는 귀하고 값진 물건이었지만 종교 의례를 통해 합법적으로 거래되는 대상이 되었다.

여성이 의례에 어느 정도 활발하게 참여했는지도 의문이다.

여성은 아마 만뜨라를 부를 수 있는 권리가 아예 없었는지 모른다. 사실상 여성 성자의 모습은 일반적이라기보다 매우 예외적인 현상이라 할 수 있다. 하지만 야자마나의 아내로서 여성은 의례에서 절대적으로 필요한 존재였다.

---

36 '선함, 좋음'을 뜻하는 산스크리트 어근 *sat*에서 유래한 용어로 먼저 죽은 남편의 장례식을 치르며 같이 따라 죽는 아내를 지칭하기 위해 사용되었다. 이 때문에 인도사회에서 사띠는 이상적인 아내를 일컫는 말로 여겨진다.

37 '결혼안한 여성(처녀)의 선물'로 해석되는 힌두의 혼인 의례이다. 혼인을 주관하는 신부의 아버지가 자신이 가장 사랑하는 딸을 다른 가문에 선물한다는 의미를 담고 있기 때문에 최상의 결혼 선물이라 여겨진다.

이를 어떻게 설명할 수 있을까? 우선 우리는 여성이 오직 아내라는 자격으로서만 의례에 참여할 수 있었다는 점을 깨달아야 한다. 엄마, 딸, 자매 등의 자격으로는 의례에 참가할 수 없었다. 아내는 자식을 낳는 존재였기 때문에 사회 구성원의 재생산이라는 측면에서 아주 필수불가결한 자원으로 여겨졌다. 이 때문에 그들은 야자마나를 위한 아이를 생산할 목적을 가지고 의례에 참여할 수가 있었다. 우리는 여성이 의례를 행하는데 필요한 어떤 입문식도 거치지 않았다는 것을 알고 있다. 결국 초기 베다 문헌에 나타난 여성의 의례 참여는 일반적인 여성의 의례 참여로 보기에는 한계가 있다. 동시에 초기 베다 문헌이 작성된 사회에서 여성의 지위가 높았다는 주장도 받아들이기 힘들다. 이와 함께 알아두어야 할 사항은 베다 기도문에 아이의 출생을 기원하는 것이 많이 나타나지만 아들에 대한 선호가 확실한 우위를 차지하고 있었다는 점이다. 즉 여아에 대한 편견이 최근 현상은 아니라는 것을 알 수 있다.

이에 우리는 베다 전통에서 여성이 교육, 결혼, 의례 수행 등의 관점으로 결코 높은 지위에 있지 않았다는 것을 파악할 수 있다. 여성과 관련한 다른 점들이 더 드러나진 않는가? 사실상 그렇다. 우선 『리그베다』에서도 여성들은 매우 다양한 부류로 나타난다. 어떤 여성은 성인으로 여겨지는 반면에 다른 여성은 사제에게 선물로 바쳐지는 물건으로 취급당했다. 다나스뚜띠(danastuti, 사료 2. 참조)라고 알려진 찬가는 관대한 기부자를 칭송하는 내용으로 이루어져 있다. 여기에는 특히 사제 계급이 선물 혹은 기부 받는 목록이 언급되어 있는데 금, 소, 말, 수레, 여성 등이 이에 속했다.

우리가 생각해봐야할 다른 문제들도 있다. 우리는 앞서 초기 베다 문헌이 기도문으로 구성되어 있음을 이미 밝혔다. 대개 신을 찬양하고 그로부터 축복을 기원하고 있다. 여신이 숭배의 대상으로 나타나는 경우는 매우 제한적이다. 만일 신과 여신을 남성과 여성으로 비유한다면 브라흐만 사제들이 여성보다는 남성을 훨씬 더 중요한 존재로 파악했음을 알 수 있다.

요약하자면

– 베다 전통의 증거는 여성 성자의 존재가 매우 예외적인 현상임을 알려준다.

– 여성은 매우 귀중한 물건으로 여겨졌다는 것을 알 수 있다. 서로의 관계를 공고히 할 목적으로 여성을 선물하기도 했다.

– 여성은 아내로서만 인정을 받았고 의례에 참여할 수 있었다. 특히 여성과 관련된 기도문은 아이의 출생, 그 중에서도 아들의 출생을 특별히 기원하고 있다.

아이들은 어떻게 생기나?

이 같은 질문에 대한 답은 베다 전통 안에서도 매우 다양하게 나타난다. 우선 아이를 만들기 위해 육체적인 성교의 필요성이 지적된다. 후기 베다 문헌은 여성을 열등한 존재로 간주하고 그들과의 접촉을 제한하는 규정을 두려 했다. 여성은 남성의 순수함을 위협하는 존재로 인식되었다. 동시에 베다 문헌을 통해 아이를 출산하기 위한 다른 방법이 제시되었던 것을 확인할 수 있다. 만뜨라의 사용, 희생제의의 수행, 어떤 문헌에 대한 지식을 획득하는 방법이 그것이다. 여성은 이러한 지식에 대한 접근 권한이 없었다. 이 방법에서 여성은 아이를 낳을 수 있는 주도적 역할을 하지 못했다.

이외에도 상위 세 바르나의 남성에게 권장되는 우빠나야나(upanayana) 의례[38]로 남성들은 두 번째 탄생을 할 수 있었다. 이 의례를 통해서 어린 소년은 브라흐만 사제에 의해 다시 태어나게 되고 이 두 번째 정신적 탄생은 첫 번째 육체적 탄생보다 우위에 있는 것으로 생각되었다. 여기서도 여성은 두 번째 정신적 탄생을 거절당하게 된다. 우리는 어떤 체계적인 시도로써 여성의 재생산 능력이 통제 당하는지 알아 볼 수 있다.

---

38 전통적인 통과의례의 하나로 스승(guru)에게 학생으로 인정받아 베다 학습을 시작할 수 있는 입문의례를 말한다. 의례가 치러지는 동안 스승은 학생에게 신성한 실을 나눠주고 학생은 신성한 실을 자신의 가슴에 둘러 걸친다. 대개 7세, 9세, 11세가 되는 나이에 입문 의례를 행했다고 전해진다.

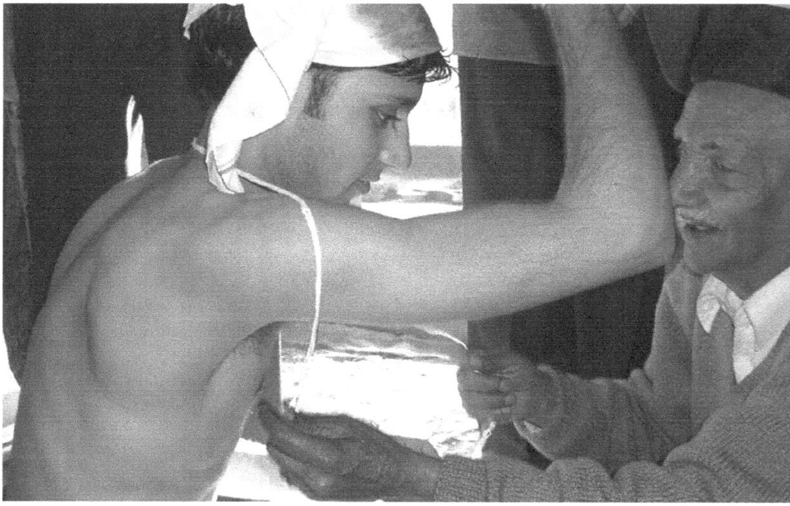

우빠나야나 의례의 한 장면

사료 2. 아뜨리 다나스뚜띠(『리그베다』, 5. 30. 12-15)

이렇게 좋은 행동이 루사마(Rusama, 부족 이름)로 하여 이루어졌도다.

오, 아그니 신이시여! 그들이 나에게 4000마리의 소를 기증하였도다.

오, 아그니 신이시여!

4000마리의 소와 함께 집으로 갈 길을 밝혀 주시길

독한 술은 인드라 신을 즐겁게 하고 밤은 곧 그 세력을 다해 새벽으로 바뀌었나니

밤은 물러가고 루사마의 왕 리난짜야(Rinancaya)가 새벽을 몰고 왔으니

성난 사냥개처럼, 재빠른 걸음으로 그를 이끈 나에게 포상이 주어졌구나.

오, 아그니 신이시여!

우리는 루사마가 선물한 4000마리의 소를 받았도다.

또한 우리는 쁘라와르갸(Pravargya, 소마 희생제의의 다른 이름)를 위한 금속이 끓고 있는 가마솥도 선물로 받았도다.

3) 바르나에 관하여

초기 베다 문헌이 작성되는 시기에 여성이 상대적으로 높은 지위를 누리고 있었다고 생각하는 사람들은 종종 바르나 체계 역시 초기 베다 문화에서 이미 만들어졌을 것이라고 주장한다.

그들의 주장을 좀 더 면밀히 살펴보자. 『리그베다』에서 네 바르나가 모두 언급된 곳은 딱 한 곳이다. 이것은 매우 잘 알려진 뿌루샤 찬가(purushasukta, 사료 3. 참조)로 뿌루샤라는 태고의 인간이 희생제의를 통해 세계를 창조하고 사회질서를 만들었다는 것을 중심 내용으로 한다. 이러한 과정 속에서 브라흐만은 그의 입으로부터, 끄샤뜨리야는 그의 팔로부터, 바이샤는 그의 허벅지로부터, 슈드라는 그의 발로부터 태어났다고 전해졌다.

바이샤와 슈드라는 『리그베다』를 통틀어 오직 뿌루샤 찬가에서만 언급된다. 브라흐만과 끄샤뜨리야도 문헌에 좀처럼 등장하지 않는데 그 횟수를 살펴보면 열다섯 번을 넘지 못한다. 이 때문에 『리그베다』에 자주 등장하는 사제와 부족장을 각각 브라흐만과 끄샤뜨리야로 바꿔서 생각하는 것에는 무리가 따른다. 우리가 또한 생각해야할 것은 뿌루샤 찬가가 『리그베다』의 마지막 책(mandala)에 나타났다는 점이다. 일반적으로 마지막 부분은 이후 시대에 첨가된 것으로 여겨지고 있다는 사실을 명심해야 한다.[39] 하지만 뿌루샤 찬가는 계속적으로 반복되어 강조되었고 영향력을 지니게 되었다. 이것은 아마도 뿌루샤 찬가가 바르나 체계와 그 체계가 지닌 사회적 불평등에 대한 타당한 이유를 제공했기 때문

---

39 『리그베다』의 찬가는 제각기 분량이 다른 10권의 책으로 나뉘어 수록되었다. 본집 역시 초기에 작성된 부분과 후기에 첨가된 부분이 구별되는데, 2권에서부터 7권까지가 상대적으로 초기에 지어진 것이고 1, 8, 9, 10권이 후대에 첨가된 것이라고 알려져 있다.

일 것이다.

다르마 수뜨라는 각 바르나의 '의무'를 규정하고 있다. 브라흐만은 베다를 학습하고 가르치며 희생제의를 주관하고 선물을 주고받을 수 있었다. 끄샤뜨리야와 바이샤는 베다를 학습하고 희생제의를 후원하고 참여하며 브라흐만 사제에게 선물을 줄 수 있었다. 이밖에도 끄샤뜨리야는 사람들을 보호하고 세금을 걷고 처벌을 집행할 수 있었다. 바이샤에게 부여된 다른 의무로는 농업, 목축업, 무역 등 생업에 종사하는 것이었다. 슈드라는 상위 세 바르나에게 봉사하는 것을 의무로 삼았다. 우리는 이 같은 규정이 실제로 얼마나 잘 지켜졌는지 확인할 수 없다. 아마 이러한 의무를 수용함에 있어서 크고 작은 저항들이 있었을 것이라 짐작할 뿐이다.

사료 3. 뿌루샤 찬가, (『리그베다』 10.90)

뿌루샤는 천 개의 머리, 천 개의 눈, 천 개의 발을 가졌나니

사방 온 세계에 편재해 있는 그가 열 개의 손가락을 그 너머로 뻗치고 있는 도다.

뿌루샤는 정녕 이 모든 세계 그 자체이며, 세계로서 존재해왔고 또 존재하게 될 자이시다.

그는 제사 음식으로 탄생한 불멸(신들)의 세계를 통치하시니

이것이 뿌루샤의 위대성이며, 동시에 뿌루샤의 능력은 이것도 넘어서는 도다.

모든 피조물은 뿌루샤의 1/4에 불과하며 3/4은 하늘에 있는 불멸의 것이도다.

뿌루샤의 3/4은 위로 올라가고 1/4은 여전히 지상에 남으며

이 지상에서 다시 온 사방으로 뻗쳐 생물(먹는 것)과 무생물(먹지 않는 것)에게 침투하나니

뿌루샤로부터 근원적 존재 비라즈Viraj가 탄생했고 비라즈로부터 다시 뿌루샤가 나왔도다.

신들이 희생제물로서의 뿌루샤를 온 땅에 흩뿌릴 때

봄에는 맑은 기름이 되어

여름에는 나무가 되어
가을에는 거룩한 선물이 되어
신께 바쳐지는 제물이 되었도다.
(중략)
신들이 뿌루샤를 분할했을 때, 몇 부분으로 나누었던가?
그들은 그의 입을, 그의 두 팔을, 그의 허벅지와 발을 무엇이라고 불렀던가?
그의 입은 브라흐만(사제)이 되고
그의 팔은 라자냐(Rajanya, 통치자)가 되고
그의 허벅지는 바이샤(Vaisya, 평민)가 되고
그의 발은 슈드라(Shudra, 노예)가 되었도다.
달은 그의 마음에서 생겨났고, 태양은 그의 눈에서 생겨났도다.
인드라와 아그니는 그의 입에서 나왔으며, 바람은 그의 생명의 숨에서 비롯되었도다.
그의 배꼽으로부터 중간 지대의 공간이 생겨났고, 그의 머리로부터 하늘이 전개되었으며, 그의 두 발로부터 땅이, 그의 귀로부터 하늘의 사방이 펼쳐지게 되었다니....
이와 같이 신들은 세계를 질서 있게 창조했도다.

4) 베다 전통에는 부족사회의 모습이 투영되어 있는가?

이 질문에 답하기 위해 우리는 먼저 부족사회에 대해서 알 필요가 있다. 부족사회는 너무도 다양하다. 하지만 몇 가지 공통점을 가지고 있다. 그들은 대체적으로 수렵, 채집, 어업, 목축업, 단순한 형태의 농업 등으로 생계를 유지한다. 그들이 생산하거나 모은 것들은 스스로를 위해 모두 소비 되거나 얼마간은 선물의 형태로 교환되기도 한다. 부족사회에는 세금, 시장과 같은 체제가 존재하지 않는다. 또한 사회 구성원이 소유하고 있는 물질적인 재산의 폭이 서로 크게 다르지 않다.

사회적 관계의 관점에서 부족사회의 구성원은 아주 친밀한 상호작용을 펼친다. 문화적, 의례적 전통 또한 독특하고 잘 발달되어 있다. 정치구조의 측면에서 부족은 종교적 전문가 혹은 경제적 활동에 능수능란한 사람들로 구성된 회의를 통해 의사결정을 진행한다. 이들 사이에서 영구적인 리더십 혹은 통치자의 지위는 가능하지 않다.

대부분의 학자들은 초기 베다 문화가 부족사회의 모습을 반영하고 있다고 주장한다. 초기 베다 문헌에 나타나는 사회는 사회적 지위에 따른 차이점이 보이기는 하지만 후대에서처럼 그 차이가 명확하거나 뚜렷하게 나타나지 않는다. 또한 시장이나 세금에 관한 언급도 없다. 후기 베다 전통에 이르러서야 왕의 존재가 확인되고 위에 언급한 발전들이 있게 된다.

하지만 일단의 학자들은 베다 전통에서 부족에 대한 언급을 없애려 하고 있다. 그들은 부족사회가 다른 사회보다 열등하다는 전제를 갖고 이러한 행동을 펼친다. 그들이 원하는 대로 베다가 인간 발전상의 지극한 창조물로 여겨지기 위해서 자신들이 열등하다고 생각하는 부족사회의 모습이 베다에 절대로 드러나서는 안 되기 때문이다. 이 때문에 베다 문헌에 나타나는 사회의 모습을 제대로 이해할 수 없게 된다. 왜 이러한 일이 벌어졌는지 알아보기 전에 베다 종교를 살펴보도록 하자.

9. 인도의 종교 전통은 얼마나 베다적인가?

우리가 베다 사회는 단 하나였다고 말할 수 없는 것처럼 베다 종교도 하나일 수 없다. 하지만 베다 종교를 구성하는 핵심 요소들을 찾아볼 수는 있다. 이렇게 베다 종교의 핵심 요소를 파악한다면 다른 종교와 비교해 볼 수 있을 것이다.

– 우리는 초기 베다 문화에서 특별히 아그니, 인드라, 소마 신이 중요했다는 것을 보았다.

– 우리는 후기 베다 문헌 대부분이 베다 의례의 정확한 수행을 목적으로 쓰였다는 것을 알았다. 문헌의 중심 내용은 만뜨라가 어떻게 불려야 하고 그들이 지니는 중요성은 무엇이며 어떤 순서로 의례가 진행되는지 그리고 만일 그러한 규칙을 어길 시에 받게 되는 불이익은 어떠한지 등에 관한 것이다.

– 후기 베다 문화에서 우리가 알아야 할 또 하나의 경향이 나타난다. 특히 우빠니샤드 문헌에서 보이는 철학적 사색의 전통이 그것이다. 이 전통에서는 의례 자체보다 그것이 갖는 의미를 따지는 것에 중점을 둔다.

– 마지막으로 가정에서 치러지는 다양한 의례가 그리햐 수뜨라 문헌에 잘 정리되어 있음을 알 수 있다.

이러한 요소들을 하나하나 자세히 살펴보도록 하자.

(1) 주요한 신들은 어떻게 변하였는가?

초기 베다 문헌에서 중요하게 여겨졌던 아그니, 인드라, 소마 신은 후기 힌두 전통에서 그 중요성을 상실하고 만다. 아그니는 결혼 또는 장례식과 같은 의례에서 여전히 중심에 위치하지만 그 외의 종교 의례에서는 중요한 신으로 여겨지지 않는다. 인도 내에서 아그니 신을 모시는 사원과 신상을 찾기는 무척 힘들다.

인드라의 운명은 더욱 가혹하다. 서사시, 불교 문헌, 뿌라나와 같은 수많은 문헌에서 신들의 왕으로 불렸던 인드라는 자신의 지위를 잃은 지 오래다. 뿌라나는 서기 500년경 이후부터 인도 각 지역에서 꾸준히 작성되었던 문헌을 통칭한다. 중요한 뿌라나의 수는 18개로 알려졌다. 뿌라나에 나타난 인드라의 모습은 다음과 같다. 우선, 인드라 신은 높은 강도로 고행을 수행하는 성자를 두려

워하는 모습으로 나타난다. 그는 압사라(apsara, 천상의 무희)[40]를 보내 고행중인 성자를 성적으로 유혹하게 만들어 그의 수행을 방해하기도 한다. 또한 그는 뿌라나에서 새롭게 등장한 끄리슈나-바수데바(Krishna-Vasudeva)[41]와 같은 비非베다 전통의 영웅 혹은 신과 전투를 벌이기도 한다. 이러한 인드라 신의 모습은 초기 베다

카주라호(Khajuraho)의 압사라 조각

40 인도 신화에 나타나는 초자연적인 여성으로 인드라 신의 궁정 음악가였던 간다르바(Gandharvas)의 아내들로 언급된다. 그들은 모두 젊고 아름다우며 춤에 일가견이 있는 여성들이다. 그들은 간다르바가 작곡한 음악에 맞춰 춤을 춘다. 압사라는 자신의 의지대로 형태를 자유자재로 바꿀 수 있다. 대표적인 압사라로 우르바시(Urvasi), 메나까(Menaka), 람바(Rambha) 등이 있다.

41 '바수데바의 아들, 끄리슈나'란 뜻을 지닌다. 끄리슈나 신앙, 비슈누 신앙의 가장 초기 형태를 보여준다고 할 수 있다. 역사적으로 끄리슈나 바수데바는 사뜨바따(Satvata)라는 부족의 지도자였다고 전해진다. 일부 학자들은 끄리슈나-바수데바 신앙이 기원전 4세기경에서 2세기경에 인기를 끌었던 바가바따(Bhagavata) 신앙과 동일하다고 주장한다.

문헌에서 볼 수 있는 무적의 힘을 지닌 신들의 왕으로서의 모습이 아니다. 『리그베다』의 인드라는 전쟁에서 항상 승리하는 영웅이었다. 아그니 신과 마찬가지로 인도 내에서 인드라 신의 신상 혹은 그에게 바쳐진 사원을 찾는 것은 매우 어려운 일이다.

소마 신의 경우, 우리는 소마 희생제의에 대한 자료를 수 세기에 걸쳐 확인할 수 있지만 그 역시 자신의 지위를 잃고 만다. 오늘날 거의 모든 브라흐만 사제가 어떤 식물이 소마인지 잘 알지 못한다. 따라서 우리는 초기 베다 전통에서 주요했던 세 신이 시간이 흐르면서 점차 자신의 중요성을 잃었다는 것을 알 수 있다. 이들의 지위가 하락한 것은 사람들이 이 신들에 대한 숭배를 중지했기 때문이었다.

(2) 희생제의의 운명

우리는 초기 베다 문헌의 만뜨라가 희생제의에 사용되었다는 것을 알고 있다. 희생제의는 불에 공물을 바치는 일상적인 아그니호뜨라(agnihotra)[42] 의례에서부터 일 년 동안 지속되는 아슈와메다, 라자수야와 같은 큰 규모의 의례에 이르기까지 다양하다.

규모가 크던 작던 각 희생제의는 모든 필요조건이 완비되었을 경우에만 수행될 수 있었다. 희생제의를 위한 조건에는 의례를 주관하는 브라흐만 사제, 희생제의에 쓰이는 불과 그밖에 희생제의에 쓰이는 모든 물품, 그리고 희생제의에 참석할 사람들을 초대하는 것 등이 포함된다.

우리는 브라흐마나 문헌과 슈로따 수뜨라 문헌이 매우 자세하게 의례에 대해 설명하고 있다는 것을 보았다. 하지만 우빠니샤드 문헌은 의례의 필요성과

---

42 슈로따 전통에서 매일 두 번씩(일출과 일몰 무렵) 데워진 우유를 신께 공물로 바치는 의례를 일컫는다. 『리그베다』가 작성된 시기부터 행해졌으며 오늘날 인도와 네팔(Nepal) 등 인도아대륙에 널리 퍼져있는 의례이다. 아그니호뜨라 의례를 주관하는 사제를 아그니호뜨리(Agnihotri)라 부른다.

실효성에 의문을 제기했다. 자이나교와 불교 같은 고대 인도의 종교 전통도 우빠니샤드 문헌이 제기한 의문에 동조하며 희생제의에 대한 비판을 더욱더 발전시켰다. 이렇게 다른 종교의 비판이라는 영향을 받게 된 희생제의는 시간이 지나면서 그 중요성을 잃고 쇠퇴하게 되었다.

이렇게 우리는 베다 문헌에서 중요하게 여겨졌던 신들의 지위가 하락하고 베다 의례인 희생제의의 위상이 격하된 상황을 만날 수 있다. 종교적 신념과 행위가 무슨 이유로 어떻게 변화하는가라는 물음에 쉽고 명확하게 답할 수 없다. 우리는 뒷장에서 무슨 종교가 어떠한 과정을 통해 베다 종교를 대체했는지 살펴볼 것이다. 현재는 베다 문헌에서 뿌라나 문헌에 이르는 종교의 발전을 단순하게 직접적으로 쭉 이어지는 단선적인 것이라고 보기는 힘들다는 정도만 알아두고 넘어가도록 하자.

10. 베다의 주인은 누구인가?

여기서 우리는 또 다른 문제를 제기해야할 필요성을 느낀다. 베다 문헌이 누구에게 속해 있는가 하는 문제이다. 우리는 대부분의 문헌이 브라흐만 사제 계급에 의해 그리고 그들을 위해 쓰였다는 것을 살펴보았다. 사회를 구성하는 대부분의 사람은 베다의 작성, 결집, 보존에 그 어떤 영향을 미치지 못했다. 여기에는 여성과 바르나 체계에서 낮은 계급에 속한 남성들 그리고 부족민들처럼 바르나 체계에 속하지 못하는 사람들 모두가 포함된다. 따라서 베다가 당시 사회의 모든 발전에 있어서 핵심이라는 주장은 결국 브라흐만 사제 계급을 당시 사회의 중심으로, 원동력으로, 모든 발전을 이룩한 당사자로 여겼다는 것이다.

이것이 정말 사실인가? 이 물음에 대한 답은 "예"와 "아니오" 두 가지 모두가 가능하다. 브라흐만 사제 계급은 전통적으로 지식과 교육에 대한 접근이 가능했고 실제로 이에 대한 전문성을 소유했다. 이것은 특히 산스크리트의 발전과 천문학의 영역에서 확인된다. 그러나 어떤 사회든지 지식의 형태와 능력은 다양하게 나타날 수 있다. 하지만 어떤 지식은 권위가 있는 것으로 취급되고 다른 지식은 그렇지 못하다. 누가 이러한 지식의 특권을 결정짓는가? 대개 엘리트라 불리는 사회의 힘있는 구성원이 경제적, 사회적 자원들을 통제하며 무엇이 권위가 있는지를 결정한다. 따라서 예를 들어 우리가 실제로 몸을 놀려 먹고 살기위해 하는 모든 일련의 활동, 도구를 만들고 그릇을 제작하며 옷감을 짜고 농사를 짓는 일 등은 몸을 쓰지 않으며 의례를 수행하는 특수한 활동보다 더 열등한 행위라 정의될 수 있다. 물론 베다 문헌과 직접적으로 연결되지 않는 다양한 종류의 기술과 지식 형태가 브라흐만 사제 계급이 아닌 다른 계급, 여성, 바르나 체계 밖에 존재하는 사람들에 의해 발전해 왔음을 부인할 수 없다.

오늘날 베다 전통을 소유하고 있다고 주장하는 사람은 이 문제를 어떻게 다루고 있는가? 그들은 서로 연결된 두 개의 전략을 채택하고 있다. 그들은 한편으로 비非베다적이고 비非브라흐만적인 것들을 무시하고 이들의 존재를 인정하지 않는다. 다른 한편으로 그들은 모든 중요한 것은 전부 다 베다에 근원을 두고 있다고 주장한다.

우리는 이 중에 두 번째의 전략이 어떻게 작용하는지 살펴보았다. 하랍빠 유적지에서 발견된 고고학적 인공물과 베다 문헌에 언급된 사실을 일치시키려는 시도가 바로 그러한 예이다. 하랍빠 문명의 존재는 거부할 수 없는 사실이다. 하랍빠 문명이 그 어떤 동시대의 문명보다 발전된 형태를 보이고 있다는 것도 명백한 사실이다. 이 때문에 모든 가능한 수단이 총동원되어 위대한 하랍빠 문명이 베다와 일치한다고 주장되어야 했다. 하지만 우리가 이미 살펴본 바와 같이 하랍빠 문명을 이룩하고 베다 문헌을 작성한 이들은 동일인이 아니다. 만일 우리가 베다가 결집된 시기의 고고학적 증거들을 분석한다면 이는 더 확실해 질 것이다.

베다를 모든 것의 근원에 두는 이러한 전략은 인도에서 발생하고 발전한 모든 종교의 뿌리가 베다라는 주장을 위해서도 활용된다. 불교와 같은 종교는 베다 문헌에 나타난 사상을 토대로 그것을 비판하며 발전했지만 각 지역의 토착 신앙과 수많은 다른 종교들은 베다를 근원으로 하지 않고 있다. 이렇게 다양한 종교의 존재를 무시하는 것은 종교적 신념과 행위를 독점하려는 전략의 일환으로 볼 수 있다. 만일 주요한 종교가 모두 베다로부터 파생된 것이라면 베다 문헌에 대한 독점적 지식을 가진 브라흐만 사제 계급이 베다로부터 발전한 모든 종교에서 권위를 가질 수 있기 때문이다. 그들에 의하면 베다를 근원으로 하지 않는 기독교와 이슬람과 같은 종교는 외래 종교라 정의된다. 그리고 이러한 정의로 외래 종교를 억압할 수 있게 된다.

11. 베다와 일치시키려는 노력에 대한 도전

마지막으로 우리가 생각해 볼 문제가 하나 더 남았다. 그럼 모든 베다적인 것은 좋은 것인가? 여기에서 우리는 어떤 애매모호함이 존재한다는 것을 알 수 있다. 베다 전통이 이상적인 사회에 대한 본보기를 담고 있다고 주장하는 사람은 문헌에 나타난 사회와 똑같이 되는 것을 꿈꾼다. 그들이 이상적으로 생각하는 사회에서 사회적 차별은 합법적이고 가치가 있는 것이 된다.

특히 이상적인 사회를 구성하는 요소 중에 눈에 띄는 것이 바로 아리아라는 개념이다. 아리아는 19세기와 20세기의 세계 역사 속에서 지배적인 개념으로 힘을 얻고 부각되었다. 베다 문헌에 나타난 아리아의 이미지는 계속적으로 강화되고 확대되었다. 또 다른 이상적 사회의 요소는 바르나 체계이다. 바르나 체계는 세상의 창조와 함께하는 가장 오래된 사회 체제라는 주장이 있어 왔다. 이 때문에 초기 베다 문헌에 나타나는 부족사회와 같이 상대적으로 평등해 보이는 요소들은 완전히 무시되었다.

이러한 전략과 젠더 관계가 결합하면 어떤 일이 벌어지는가? 한편으로 초기 베다 문헌이 작성되던 시기에 상대적으로 여성의 지위가 높았다는 주장은 성립될 수 없게 된다. 다른 한편으로 좀 더 복잡한 시나리오를 보여주는 증거들 역시 사라지게 될 것이다.

(1) 다시 베다로 돌아가야 하는가?

이제 우리는 베다 시대라는 개념이 문제가 있음을 명백히 알 수 있게 되었다. 그것은 다음과 같은 이유로 문제가 있다.

– 우리가 어떻게 정의하든지 간에 베다는 매우 제한적인 사회구성원에 의해 만들어졌다. 다른 사회 구성원들의 관심과 이해관계는 거의 반영되지 않았다.

– 인도아대륙에 거주하는 대부분의 사람들은 비非베다적인 종교 전통을 따라왔다.

– 베다 문화는 인도아대륙의 극히 적은 부분을 차지하는 일부 지역만을 대상으로 하고 있다.

하지만 우리는 여전히 베다로 돌아갈 필요가 있는가? 그렇다. 베다는 세계에서 가장 이른 시기에 작성된 문헌의 하나이기 때문에 계속해서 연구의 대상으로 의미가 있을 것이다. 우리는 정확하게 베다 문헌을 분석하고 이해하여 다른 사람들에게 널리 알려야 한다. 하지만 베다로 돌아가자는 의미를 베다 의례의 재생 혹은 부활로 이해한다면 곤란하다. 왜냐하면 베다 의례는 고도로 발달된 오늘날의 사회에서 차지할 수 있는 지위를 이미 상실했기 때문이다. 일 년씩 걸리는 아슈와메다 의례를 시행한다고 생각해 봐라.

만일 베다로 돌아가자는 의미가 모든 가치 있는 것의 근원을 베다로 두자는 것이라면 이것 또한 지양해야 한다. 베다의 기원에 대한 주장은 브라흐만을 우위에 두고 카스트 위계를 공고히 하고 성적 차별을 강화하려는 일련의 움직임과 궤를 같이 한다. 또한 가부장적이고 브라흐만 중심적인 정치적 사안들과 밀접하게 연결되어 있다. 이와 같은 주장은 권장되기보다 해소되어야 한다.

앞으로 누군가가 무엇이든 베다와 연결하여 주장하려 한다면 우리는 그러한 주장을 그냥 묵살하지 말고 그가 왜 그러한 주장을 하는지를 면밀히 살펴봐야 할 것이다. 우리는 계속해서 누가 베다와 관련한 주장들을 하고 있는지를 파악하고 그들이 주장하는 내용이 무엇이며 그들 주장의 근거는 무엇인지를 자세히 따져봐야 한다. 그리고 반복되는 주장에 지치지 말고 끈기를 갖고 그들이·퍼뜨리는 잘못된 주장을 바로잡아야 한다. 왜냐하면 그들이 위협하는 것은 바로 다양성과 민주주의라는 인도 사회의 근간이기 때문이다.

스므리띠, 뿌라나, 힌두교

지금까지 우리는 모든 좋은 것이 베다로부터 시작되었다는 주장의 결과로 빚어진 다양한 종류의 왜곡을 살펴보았다. 이 장에서는 힌두교를 포함한 모든 인도 종교의 근원이 베다라는 주장이 왜 잘못된 것인지를 분석할 것이다.

1. 베다 종교는 왜 점차적으로 쇠퇴했는가?

고대 역사에서 정확한 연대를 제시하는 것은 어려운 일이지만 희생제의 중심의 베다 종교가 기원전 6세기경부터 쇠퇴하기 시작했다는 것은 대다수의 학자가 합의하고 있는 사실이다. 베다 종교가 점진적으로 쇠퇴한 이유는 다양하다. 하지만 그 중심에는 생산 체계 내에서의 변화와 당시의 사회 · 경제적, 그리고 종교적이고 지적인 생활에 있어서의 변화가 있다. 이러한 변화를 정리하면 다음과 같다.

– 농업에서 쟁기의 광범위한 사용으로 얻어진 잉여생산물로 인해 사람들의 경제적 삶이 뿌리부터 변화하였다. 사람들의 사회경제적 생활은 농업에 완전히 의존하게 되었다.

– 후기 베다 문헌이 결집되던 시기에 바르나 제도가 공고히 확립되었다. 철

기의 유입[43]과 무기 제조 기술의 발전으로 끄샤뜨리야 계급이 성장할 수 있었다. 바이샤와 슈드라가 생산해 놓은 것들은 브라흐만과 끄샤뜨리야가 각각 의례와 전쟁을 위해 남김없이 소비했다. 끊임없는 전쟁으로 교역 활동에 타격을 입게 되면서 사람들은 전쟁의 중단과 평화를 갈망하게 되었다.

– 시간이 흐르면서 교역의 중요성이 부각되었지만 브라흐만 사제 계급은 이를 공식적으로 승인하지 않았다. 해양 무역도 금지시켰다. 도시에서 행해지는 다양한 활동도 억압했다. 이 때문에 브라흐만은 활발한 상업 활동으로 부를 축적한 대다수의 사람들로부터 외면 받게 되었다.

– 가난한 사람이 늘어나고 바르나와 재산을 기반으로 한 차별이 심해지면서 사회의 하위 계층을 형성하고 있던 사람들은 실패와 절망감에 휩싸이게 되었다.

– 베다 종교는 생명력을 잃어 갔다. 하지만 희생제의는 좀 더 복잡해지고 정교해졌으며 이를 주관하는 사제들의 권한 역시 막강하였다.

2. 우빠니샤드의 물음은 무엇이었나?

위와 같은 사회적 환경 속에서 일부 사상가들은 우주와 인간과의 관계, 인간 삶의 목적 등에 대한 물음을 던지며 이에 대한 해답을 스스로 찾으려 노력하기 시작했다. 이들의 철학적 사고는 초기 우빠니샤드 문헌에 고스란히 수록되었다.

『브리하다라냐까 우빠니샤드』는 영혼의 불멸성에 대해 최초로 언급하고 있다. 이 이야기에 따르면 사람이 환생하면서 영혼도 함께 새로운 몸으로 옮겨가

---

43 고고학적 발굴을 통해 기원전 1000년경 오늘날 파키스탄의 간다라(Gandhara) 지역과 인도의 뻔잡, 웃따르 쁘라데시 서부, 라자스탄 등지에서 철기가 사용되었음이 밝혀졌다. 이와 함께 철로 만든 화살촉, 장촉 등의 무기가 기원전 800년경 웃따르 쁘라데시 지역에서 사용되었다는 사실도 증명되었다. 이러한 철기의 사용은 후기 베다 문헌에 '강철(krishna ayas)'이라는 용어의 등장으로 입증되었다.

는데 새롭게 시작되는 삶의 질은 그 사람이 전생에서 행했던 좋고 나쁜 행위들로 인해 결정된다고 보았다. 까르마(karma, 업)와 삼사라(samsara, 윤회)라는 개념이 넓게 퍼지면서 세속적인 즐거움은 상대적으로 덜 중요한 것으로 취급되었다. 『리그베다』의 낙관주의는 회의적인 감정으로 바뀌었다. 인간 존재에 내재되어 있는 고통은 삶과 죽음의 굴레에서 벗어날 때 비로소 없어질 수 있었다. 이는 희생제의를 통해서는 불가능한 것이었다. 고통으로부터의 해방은 존재의 속성과 영혼의 궁극적인 구원을 이해해야만 달성될 수 있었다. 명상은 이러한 이해를 돕는 가장 중요한 방법이 되었다. 이 때문에 우빠니샤드와 비슷한 시기에 명상을 목적으로 쓰인 아라냐까 문헌이 희생제의보다 더 중요한 지위를 차지할 수 있었다.

이제 베다 종교 안에서 자신을 성찰하는 경향이 가진 또 다른 성격에 대해서 살펴보자. 인간은 과거의 삶에 대한 회상 없이 까르마와 결과라는 것 사이의 관계를 만들 수 없다. 사람은 자신이 강력하고 폭력적인 운명 앞에서 나약한 희생자였음을 알게 되었다. 이러한 환경속에서 시간의 영원한 굴레를 운영하는 시바(Siva) 신과 야마(Yama) 혹은 끄리딴따(Kritanta, 운명) 신이 중요하게 여겨지기도 했다.

시바 신의 모습

야마 신의 조각상

3. 새로운 종교의 탄생

이제부터 또 다른 경향의 종교에 대해서 살펴보자. 지리학적으로 이러한 경향의 종교는 브라흐만 종교가 강세였던 지역 밖에서 인기를 끌었다. 우리는 베다 종교와 문화가 인도아대륙의 북서부에서 번성했고 이후 동쪽으로 이동했다는 것을 알고 있다. 하지만 불교, 자이나교, 유물론(Ajeevikism)과 같은 새로운 종교는 동부 인도의 갠지스 평원에서 발흥했다. 오늘날의 비하르(Bihar) 주 남부(고대 마가다Magadha)와 웃따르 쁘라데시(Uttar Pradesh) 주 동부(고대 꼬살라Kosala)가 이 지역에 포함된다. 이들 지역은 브라흐만 전통의 영향력이 상대적으로 약했던 지역으로 손꼽힌다. 새로운 종교는 기원전 6세기에 출현하기 시작했다.

우리는 앞서 이 시기에 북인도에 나타난 사회경제적 변화에 대해 살펴보았다. 우빠니샤드 문헌이 종교의 새로운 길을 모색하는 동안 도시를 중심으로 하는 국가들이 속속 탄생했다. 농업과 상업의 발전으로 힘과 재력을 소유한 새로운 사회 계급이 등장했지만 브라흐만 중심의 사회는 이들을 우대해 주지 않았다. 비슷한 시기에 나타난 반反브라흐만 종교들은 희생제의 중심의 베다 종교에 반기를 들고 대항했다. 우빠니샤드는 베다 종교의 희생제의를 공격하는 진영의 선두에 위치했다. 우빠니샤드와 불교 모두 희생제의와 까르마에 대해 비판적이었기 때문에 많은 사람들이 불교가 우빠니샤드의 사상을 물려받은 후계자라고 인식한다. 비슷한 시기에 등장한 종교 사이에 활발한 교류가 있었다는 사실이 그리 놀랍지는 않다. 하지만 이 둘 사이에는 명확한 차이점도 존재한다.

새로운 종교적 사상과 운동의 등장은 단순히 베다 종교에 대한 대응 혹은 우빠니샤드의 후계자 정도로 생각되어서는 안 된다. 북인도에서 진행되었던 근본적인 사회경제적 변화와 이에 대한 대응으로 새로운 종교들이 출현했다고 보는 것이 좀 더 합당할 것이다.

(1) 불교

산치(Sanchi) 부조에 나타난 아쇼까 대왕

인도 역사에서 불교 시대라 함은 마우리아(Maurya) 왕조의 성립(기원전 324년경)과 쿠샨(Kushan) 왕조의 쇠퇴(서기 375년경) 사이의 기간을 일컫는다. 불교는 마우리아 왕조의 아쇼까(Ashoka, 재위 기원전 268-232년경) 대왕[44] 덕분에 인도 각 지역으로 퍼질 수 있었고 스리랑카와 서西아시아의 그리스 왕국에까지 전파될 수 있었다. 불교가 인기를 끌었던 이유 중의 하나는 붓다가 세상의 슬픔으로 고통 받는 사람들에게 고통으로부터 해방되어 평화롭게 살 수 있는 실용적인 방법을 제시했기 때문이다. 이것이 그의 중도(中道) 개념이다. 이 밖에 붓다가 주장했던 것은 다음과 같다.

– 그는 브라흐만 전통의 바르나 체계가 지닌 근원에 대해 물음을 제기했다. 그에 의하면 바르나 지위는 출생이 아닌 까르마에 의해 결정된다.

– 그는 끄샤뜨리야를 브라흐만 사제보다도 상위에 위치시켰다. 그리고 부유한 바이샤를 사회의 엘리트라 생각했다.

– 그는 여성을 존중했고 그들이 상가(sangha, 승가)에 들어올 수 있도록 허락했

44 '슬픔이 없는' 이라는 뜻의 이름으로 불린 아쇼까는 마우리아 제국의 3대 왕이다. 그는 즉위한 지 8년이 되던 해(기원전 260년경)에 치른 깔링가 전쟁으로 불교에 귀의하게 되었다고 알려졌다. 엄청난 수의 사람이 희생된 전쟁을 치른 후 아쇼까는 자신의 제국에 새로이 편입된 사람을 하나로 통합하기 위해서 불교의 담마(dhamma, 산스크리트의 다르마)를 통치 수단으로 삼았다. 아쇼까가 왕이 되기 이전 비디샤(Vidisha) 지역의 상인의 딸 데비(Devi)와 사랑에 빠졌는데 이 둘 사이에서 태어난 아들 마힌다(Mahinda)와 딸 상가미따(Sangamitta)가 불교를 전파시키는데 큰 공을 세웠다.

다. 당시 여성이 승가에 들어갈 수 있다는 사실은 브라흐만에 의해 통제되는 사회에서는 절대 생각할 수 없는 선택의 자유로 간주되었다.

– 그는 자신의 종교를 전파할 때 보통 사람들이 이해하기 쉽도록 그들의 언어로 설명했다.

이론적, 실천적 차이로 인해 불교는 상좌부上座部불교[45]와 대승불교[46]의 두 집단으로 나뉘게 되었다. 대승불교는 인도에서 불교의 주요한 분파로 입지를 다지는데 성공했지만 곧 딴뜨라(Tantra)[47]의 영향으로 본래 성격을 잃어 버렸다. 8세기에서 11세기 사이에 동부 인도를 다스렸던 빨라(Pala) 왕조[48]의 후원에 힘입어 불교가 이 지역에서 번성하게 되었다. 하지만 대체적으로 불교는 굽따(Gupta) 왕조 이후 시기(서기 4세기경)부터 서서히 쇠퇴하였다. 인도 전역으로 봤을 때 불교는 단 한 번도 브라흐만 전통에 대적해서 승리한 적이 없다.

---

45 개인의 해탈에 주안점을 두고 수행하는 불교의 지파이다. 세상의 모든 것이 공空이며 현실 세계는 태어나서 죽고, 죽고 나서 다시 태어나는 윤회의 연속이기 때문에 사람이 태어나서 겪는 생로병사 등 모든 것이 고苦라는 인식이 바탕으로 깔려 있으며 생활 속의 각종 욕망을 스스로 극복하면서 자아 해탈을 이룩하는 것이 최종 목적이 된다. 불교의 발상지인 인도에서 전파되어 오늘날 스리랑카, 미얀마, 태국, 캄보디아, 라오스 등지에서 주로 믿는 종교이다.

46 기원 전후 무렵 재가 신자들을 중심으로 하여 퍼진 새로운 종교 운동으로 만들어진 불교의 분파이다. 이들은 인도 각지에 불탑(stupa)을 세우고 붓다 상을 건립하였다. 붓다가 전생에 불렸던 이름인 보살(bodhisattva)을 이상적 인간상으로 삼았다. 대승불교의 기본 이념은 자비로 무장한 공空(이론적으로 모든 것은 그 자체의 고유한 실체를 가지지 않는 다는 무자성無自性을 가리키며, 실천적으로는 어떤 것에도 구애받지 않는 마음으로 행동하는 무無집착을 뜻한다)의 입장에 있다고 보아 불교에의 절대적 귀의, 붓다가 될 수 있는 가능성 혹은 불성의 인정, 그리고 그것의 체현體現을 최종 목적으로 한다.

47 종교 사상과 행위의 체계로 초기중세 시대 이후부터 성문화되었다. 철학적인 관점으로 상캬(Sankhya) 철학의 영향을 가장 많이 받았으며 창조에 있어서 여성 원리를 강조한다는 특징을 지닌다. 반드시 낮은 사회적 계급에 속해 있는 스승을 통해 입문해야 한다고 알려져 있다. 딴뜨라 체계에서는 상징적이거나 실제적인 성교를 포함하는 의례의 실천을 매우 중요시하고 또 그러한 성교가 적절한 방법을 통해서 이루어졌을 때 궁극의 자유를 느낄 수 있다고 보았다.

48 벵갈 지역에 위치했던 빨라 왕조는 8세기 중반 샤샹까(Shashanka)의 죽음 이후에 초래된 혼란을 정리하며 등장하였으며 창시자는 고빨라(Gopala) 왕이다. 2대 왕인 다르마빨라(Dharmapala, 재위 770-810년경) 왕 때 전성기를 이룩하였다. 17세기에 작성된 티베트(Tibet)의 연대기에 빨라 왕들이 불교의 후원자로 언급되어 있다고 전해진다. 다르마빨라 왕의 후원 하에 날란다(Nalanda) 대학이 설립되었다.

4. 브라흐만 전통의 부활

불교와 자이나교가 북인도에 새롭게 등장했을 때 베다 종교에게는 무슨 일이 생겼나? 앞서 우리는 '우리의 종교는 얼마나 베다적인가'란 제목으로 논의를 시작했다.

베다 종교를 없애자는 주장을 펼치기 위해 브라흐만 문헌 이외의 것을 찾아보는 시도는 적절치 않다. 네 개의 베다 문헌, 브라흐마나 문헌, 아라냐까 문헌 그리고 우빠니샤드 문헌이 베다 문학을 형성하는 중요한 문헌들이다. 이어지는 시기에 베당가 문헌과 수뜨라 문헌이 브라흐만 전통을 대표하는 문헌으로 자리 잡았다. 베당가 문헌은 베다 문헌이 의미하는 정확한 의미를 설명하기 위해 만들어졌다. 베당가는 식샤, 찬다, 니룩따, 깔빠, 뱌까라나 그리고 죠띠샤로 구성되어 있다.

이들 대부분이 베다의 정확한 발음을 보존하고 베다에 쓰인 용어에 대한 의미를 정확하게 알려주기 위해서 작성되었다는 것을 기억한다면 우리는 원래의 베다 종교와 이후 시대의 브라흐만 전통의 사회 사이에 엄청난 간극이 있었다는 것을 짐작할 수 있다. 초기 베다 문헌에 규정되었던 의례에 관한 규칙들은 시간이 지나면서 그 의미가 매우 모호해 졌을 가능성이 있다. 슈로따 수뜨라는 이러한 규칙들을 다시 명확히 할 목적으로 작성되었고 그리햐 수뜨라는 가정 내에서 행해지는 의례를 위해 만들어졌다. 그리고 다르마 수뜨라는 개인의 일상적인 행동 기준을 제공하기 위해 편찬되었다. 이로써 알 수 있는 사실은 브라흐만 전통이 주를 이루는 사회에서 대다수의 사람들은 베다 문화에 익숙하지 않았다는 점이다.

수뜨라 문헌 이후에는 마누(Manu), 야갸발꺄(Yajnavalkya) 등의 다르마샤스뜨라(Dharmashastras) 문헌이 등장하였다. 이 문헌은 브라흐만 전통의 사회에 속하는 사람이 자신의 바르나와 삶의 주기(ashrama)에 적합한 사회적 의무(dharma)를 수행할 수 있도록 관련 사항을 정리해 놓았다. 다르마샤스뜨라는 이전 시기 다르마 수뜨라 문헌을 계승한 브라흐만 전통의 법률 책이라 정의할 수 있다. 사회가 변화하면서 이전에 만든 법은 새로운 법으로 계속 수정되어야 하므로 비슷한 종류의 법률 책이 이후 시대에도 계속해서 만들어졌다. 이들 브라흐만 전통의 문헌은 변화하는 사회에 맞춰 사회의 구성원들이 필수적으로 따라야 하는 내용을 잘 알아보게끔 작성되었다.

기원전 5세기경에서 서기 5세기경 사이에 브라흐만은 이후 시대에 지속적으로 영향력을 행사하게 된 또 다른 문헌을 생산해 내었다. 이들이 인도의 가장 중요한 영웅 이야기를 담고 있는 『라마야나』와 『마하바라따』이다. 두 서사시는 떠돌아다니는 이야기꾼들이 왕실에서부터 멀리 떨어진 외딴 마을을 방문하여 들려주었던 이야기를 한데 모으는 것으로부터 시작하여 집대성되었다. 브라흐만은 이를 토대로 산스크리트로 방대한 양의 서사시를 완성했다. 중심이 되는 이야기를 유지하면서 브라흐만 작가들은 새로운 주제와 사상을 첨가시켜 서사시를 만들어갔다.

예를 들어 브라흐만은 신성한 속성을 지닌 라마와 끄리슈나와 같은 주인공을 창조했다. 특히 브라흐만은 『마하바라따』를 결집하면서 바르나, 젠더와 관련된 경전의 계율을 삽입했다. 음유시인 수따(Suta)와 짜라나(Charana)가 이렇게 만들어진 이야기를 또 다시 인도 전국으로 퍼뜨렸고 이로써 브라흐만 작가에 의해 의도적으로 삽입된 브라흐만 전통의 규칙 등도 이야기와 함께 자연스럽게 사람들 사이에 스며들 수 있게 되었다. 또한 이야기가 산스크리트로 쓰였기 때문에 브라흐만 전통의 문헌으로 쉽게 자리매김 할 수 있었다. 대중적인 이야기를 변주해가면서 브라흐만은 오랜 기간 동안 사회적 권력을 소유할 수 있게 되었다.

(1) 굽따 제국의 성립

굽따 제국은 북인도에서 4세기경 설립되었다. 굽따 제국의 통치자들은 자신의 출신과 관련한 어떤 자료도 남기고 있지 않기 때문에 그들이 어느 바르나에 속하는지 확실히 알 수 없다.[49] 만에 하나 그들이 브라흐만이 아니었다고 가정하더라도 그들은 브라흐만 전통의 사회 체계와 종교를 받아들였다. 사무드라굽따(Samudragupta, 재위 350-375년경) 왕은 자신을 빠라마바가바따(Paramabhagavata, 신을 최고로 경배하는 자)라고 기록했다. 굽따 왕들은 브라흐만 전통에서 정치적으로 이상적인 군주를 뜻하는 짜끄라바르띤(Chakravartin, 전륜성왕)[50]의 개념을 수용했다. 스므리띠 문헌에 전륜성왕은 비슈누 신의 화신으로 언급된다. 그들은 또한 비슈누 신의 탈 것(vahana)인 가루다(Garuda)[51]를 제국 인장의 상징으로 삼았다. 그리고 비슈누 신의 배우자인 여신 락슈미(Lakshmi)[52]를 왕실 우산의 상징으로 채택했다. 굽따 왕들은 다른 왕국을 병합한 후에 아슈와메다 의례를 수행했고 기념주화를 발행했다. 하지만 무엇보다도 중요한 것은 그들이 브라흐만을 우대하여 세금이 면제된 토지를 하사했다는 점이다. 왕이 브라흐만에게 토지를 하사하는 관습은 굽따 시대 이후로도 계속해서 이어졌다. 굽따 왕들은 단순히 왕의 개인적인 호의로 토지를 브라흐만에게 선물하는 것이라 기록하고 있지만 그들의 행동은 좀 더 중요한 목적을 가지고 있었다. 브라흐만에게 주어지는 토지는 대개 왕국의 중심부에서 멀리 떨어진 지역에 위치했는데 브라흐만은 왕으로부터 하사받은 토지를 경작하기 위해서 그 지역 사람들과 상호작용을 하게 되고 이로써 브라흐만 전통이 지역민들에게 전해지는 엄청난 결과가 도출되었던 것이다. 동시에

---

49 굽따 왕들의 출신과 관련하여 그들이 어느 바르나에 속하는가 하는 문제는 여전히 논쟁중이다. 『마누법전』, 『비슈누 뿌라나』*Vishnu Purana*와 같은 문헌은 그들의 성이 '굽따'라는 사실을 들어 바이샤 바르나에 속한다고 기록하고 있다. 반면에 일부 학자들은 굽따 왕들이 끄샤뜨리야 부족들과 결혼 동맹을 맺은 것으로 보아 그들 역시 끄샤뜨리야였을 확률이 높다고 보았다. 또 다른 학자들은 굽따 왕들이 브라흐만이었다고 주장한다.

50 전륜성왕은 산스크리트 짜끄라바르띤을 한자의 의미로 풀어쓴 것이다. 붓다의 가르침인 법의 수레바퀴(법륜法輪)을 굴려 세계를 통일하고 지배하는 이상적인 제왕을 의미한다.

51 전설적인 새로 힌두교, 불교, 자이나교 전통의 신화에 등장한다. 인간의 몸에 독수리의 머리, 부리, 날개, 다리, 발톱을 지닌 형상으로 묘사된다. 힌두 신화 전통에서는 비슈누 신의 탈 것으로 나타난다.

52 부富, 행운, 번영을 가져다주는 여신이다. 비슈누 신의 아내이며 빠르바띠(Parvati), 사라스와띠 여신과 함께 주요한 세 여신(tridevi)으로 간주된다.

아이홀레(Aihole) 두르가 사원에 조각된 '가루다를 탄 비슈누 신'

부富의 여신 락슈미

꾸마라굽따(Kumaragupta) 왕의 아슈와메다 주화

브라흐만은 자신이 소유하고 있는 토지를 매개로 하여 그 지역의 토착적인 관습과 문화에 친숙해질 수 있었다. 이러한 문화의 상호작용은 인도에서 매우 빈번하게 발생했던 자연스러운 현상이다. 이 밖에도 브라흐만은 굽따 제국의 영향력이 미치지 않는 곳에서 왕의 대리인 역할을 수행하기도 했다. 제국의 이상과 이념이 브라흐만을 통해서 전해졌다. 이렇게 굽따 왕이 브라흐만에게 수여한

토지는 그 둘 사이의 상호 의존적 관계를 성립시켰다.

(2) 브라흐만의 정치적 이데올로기

왜 굽따 왕과 이후 시대의 통치자들은 브라흐만을 우대했는가? 브라흐만 전통은 항상 이상적인 정치 형태로 군주제를 선호했다. 스므리띠, 서사시, 국가 체제와 관련한 문헌에서 군주제의 이상이 높게 평가되었다. 군주제를 선호하는 이유 중 하나는 왕이 브라흐만 사회 구조의 근간이 되는 바르나 체계를 보호하고 지지하는 역할을 수행할 수 있기 때문이었다. 왕은 바르나 체계의 보존을 사회적 책무로 받아들이고 있었다. 발미끼(Valmiki)가 지은 『라마야나』의 주인공 라마는 이런 점에서 브라흐만 전통의 이상적인 군주로 여겨진다. 우리는 그의 통치하에 모든 사람들이 건강하고 행복하고 부유했을 뿐 아니라 자연도 그의 통치에 도움을 주었다고 들었다. 몬순 시기에 적절하게 내린 비로 작물은 풍성하게 자랄 수 있었고 어떤 비정상적인 자연의 운행도 있지 않았다. 하지만 라마의 왕국도 딱 한번 혼란에 빠진 적이 있었다. 이러한 혼란의 원인은 샴부까라는 슈드라와 관련이 되었다. 그는 극심한 고행을 통해 구원에 이르기를 바랐다. 하지만 슈드라는 자신의 구원을 위해 고행을 해서는 안되는 사회적 위치에 있던 사람이었기 때문에 왕국은 정상적인 궤도를 이탈하여 혼란에 빠지게 되었다. 이를 바로 잡기 위해서 라마는 어떤 주저함도 없이 샴부까의 목을 벨 것을 명령했다. 이로써 사회는 다시 이전의 평화롭고 정상적인 상태로 돌아갈 수 있었다. 결국 브라흐만 전통에서 바르나체제의 보존을 위한 왕의 역할이 매우 중요하다는 점을 알 수 있다.

고대 인도에서 찾아볼 수 있는 또 다른 형태의 통치 모델은 민족주의 역사가들이 흔히 '민주적 공화국'이라 부르는 가나상가(gana sangha)[53]이다. 고따마 붓다

---

53 정부 형태의 하나로 기원전 6세기경 16대국(Mahajanapada)과 그 이후 국가들에서 찾아볼 수 있다. 끄샤뜨리야로 구성된 일단의 지배 계급은 회의를 통해 투표로써 정책을 결정하고 수행한다. 많은 학자들이 가나상가를 공화국으로 번역하지만 엄밀한 의미로 가나상가는 다수의 사람들에 의해 권력이 실행되는 과두제 국가로 해석되어야 한다.

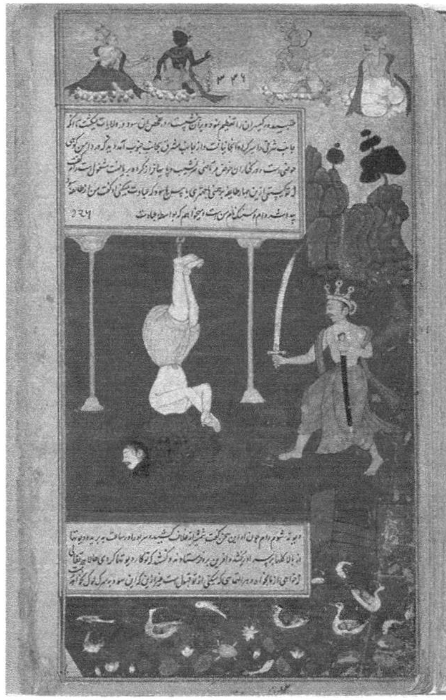

라마 왕의 명령으로 샴부까의 목을 베는 그림

(Gautama Buddha) 역시 이러한 가나상가 출신이었다. 가나상가의 통치자들은 브라흐만 전통을 지지하지 않았다. 더욱이 불교는 브라흐만 전통의 바르나 체계를 거부했기 때문에 불교를 지지하는 왕들은 브라흐만 전통의 사회체계에 대한 어떤 의무도 가지지 않았다. 물론 브라흐만과 왕이 서로를 필요로 했을테지만 말이다.

하지만 실제로 나타나는 관계는 이보다 훨씬 더 복잡했다. 마우리아 왕조와 쿠샨 왕조의 통치자들은 왕의 자격으로 불교를 후원했다. 게다가 불교의 전파를 가능하게 했던 원거리 무역을 위해서 교역로를 오고가는 상인을 보호하려는 왕국의 노력이 절대적으로 필요했다. 마우리아 왕과 쿠샨 왕의 계급이 브라흐만보다 낮아서 그들로부터 통치자로 인정을 못 받았을 것이라는 추정은 옳지 않다. 왜냐하면 외국 세력이라 여겨지는 샤까(Shakas)[54]와 훈족(Hunas)[55]도 브라흐만 신들에게 경배하며 브라흐만의 지지를 이끌어 냈기 때문이다. 바르나 체계에 속하지도 못하는 외국 세력도 브라흐만의 승인을 얻어낼 수 있었는데 지위가 낮다는 이유로 토착 왕조의 왕들이 브라흐만으로부터 인정받지 못했다는 추정은 납득하기 어렵다. 굽따 왕과 마찬가지로 마우리아 왕의 바르나도 알려지지 않았다.[56] 따라서 우리는 굽따 왕이 왜 브라흐만 전통을 후원하고 지지했는지에 대해 적절한 설명을 할 수 없다. 이밖에도 우리는 끄샤뜨리야가 누구인가라는 질문에도 명확한 대답을 할 수 없다. 초기 중세 시기부터 왕이 되는 자는 모두가 끄샤뜨리야였기 때문이다. 브라흐만 사제는 충분한 보수를 받고 왕이 된 자들을 위한 계보와 함께 적절한 지위도 함께 제공했다. 즉, 왕과 브라흐만 사이의 상호의존 관계에 대해서 간결하고 단순한 정의는 이루어질 수 없다. 하지만 우리는 적어도 인도의 초기 왕조들, 특히 굽따 시기까지는 왕들이 브라흐만의 지지를 원했다고 명확히 말할 수 있다.

(3) 뿌라나 종교의 등장

왕의 후원을 받은 브라흐만은 새로운 장르의 문헌을 작성하기 시작하였다. 굽따 시기 이후의 브라흐만 종교는 스므리띠 문헌과 뿌라나 문헌을 근간으로

---

54 고대 그리스 문헌에서 흑해 북쪽의 유라시아 초원지대에 거주했던 기마 유목민을 일컬어 '스키타이(Skythia)'라 불렀고 훗날 이들이 스키타이인(Scythian)이 되었다. 이들은 기원전 11세기경 볼가강 중류 지역에서 이주한 이들과 원주민의 혼합에 의해 형성된 민족으로 추정되며 기원전 4세기경 전성기를 이룩했다. 이들 스키타이인이 인도아대륙에 들어와 샤까로 불리게 되었다.

55 중앙아시아의 초원지대에 거주했던 기마 유목민으로 중국과 동아시아 지역에서는 흉노라 불렸다. 서기 4-5세기경 유럽으로 세력을 확대했으며 동시에 인도 북서부를 침입했다. 당시 굽따 제국을 다스리던 스깐다굽따(Skandagupta, 재위 455-467년경) 왕과 충돌했다고 한다.

56 마우리아 제국을 창시한 짠드라굽따 왕의 출신에 관한 이야기도 굉장히 다양하다. 불교 문헌은 그를 끄샤뜨리야 부족인 모리야(Moriya)족의 일원으로 언급하고 있고, 자이나교 문헌은 공작조련사(mayuraposhaka)들이 모여 사는 마을의 출신으로 기록하고 있으며, 브라흐만 전통의 『비슈누 뿌라나』 주석서는 그를 난다(Nanda) 왕조의 후손과 사냥꾼의 딸 무라(Mura) 사이에서 태어난 아들이라고 여겼다.

하여 변화하였다. 스므리띠 문헌의 주제는 인간 사회의 규칙과 규범에 관한 것이었다. 반면에 뿌라나 문헌은 신과 여신에 대한 신앙을 주제로 하고 있다. 두 문헌은 서로 다른 주제를 가지고 작성되었지만 브라흐만 전통의 사회 질서를 재확립한다는 공통의 목표를 가지고 있었다. 브라흐만은 불교와 자이나교의 등장 이후에 재빠르게 변화되는 종교 문화에 대해 적절히 대응하지 못하고 있었다. 몇 세기가 흐르는 동안 불교는 마우리아 왕조와 쿠샨 왕조[57]의 후원을 받아 인도는 물론 중앙아시아까지 진출하는 등 많은 발전을 이룩할 수 있었다. 브라흐만 전통은 이렇게 변화하는 종교 문화에 재빠르게 적응 할 수 없었다. 왕의 후원을 받아 기회를 잡은 브라흐만은 지역민들의 토착적인 종교 관습과 문화를 자신들의 브라흐만 전통에 받아들이면서 불교와 경쟁하게 되었다. 이제 브라흐만은 자신의 전통을 지지하는 대중적인 기반을 확보하는 것을 가장 중요한 목표로 삼았다.

다음의 사항은 뿌라나 문헌의 작성과 관련하여 꼭 기억되어야 하는 것들이다.

– 브라흐만은 자신의 영향력을 확대하고 좀 더 많은 사람이 자신을 지지할 수 있도록 뿌라나 문헌을 만들었다.

– 이러한 과정 속에서 브라흐만은 다양한 지역 전통의 의례와 관습을 자신의 목적에 맞게 변형하여 뿌라나 문헌에 녹여낼 수 있었다.

– 이를 위해 브라흐만은 지역민들에게 자신이 소유한 베다 관련 지식을 나눠주고 그들이 브라흐만 전통과 친숙해 지도록 이끌었다.

– 그 결과 브라흐만은 베다 종교와 상반되고 이질적인 여러 요소들을 뿌라

57 쿠샨은 본래 중국에 거주하던 월지족의 한 분파로 1세기경 흉노의 침입으로 서쪽으로 이동, 힌두쿠시 산맥을 넘어 인도아대륙으로 들어왔다. 간다라(Gandhara) 지역의 인도-그리스, 샤까(Shaka), 빠흘라바(Pahlava) 세력을 완전히 소멸한 후 갠지스 강 유역에까지 진출했다. 쿠샨의 인도 침입은 인도의 다양한 인종과 문화를 융합하며 새롭고 독특한 문화를 창출했다는 의의를 지닌다.

나 문헌에 포함시키게 되었다.

– 하지만 브라흐만이 뿌라나에 어떤 내용을 집어넣든지 그것은 '베다'의 이름으로 재탄생하였다.

– 브라흐만이 베다 종교가 쇠퇴하는 중에도 사회 · 종교적 지배력을 상실하지 않은 이유는 그들이 산스크리트에 대한 지식을 독점적으로 소유했기 때문이었다. 뿌라나 역시 산스크리트로 쓰였다. 일반 사람들이 쉽게 익힐 수 없는 언어를 소유한 막강한 권력으로 그들은 뿌라나 문헌의 작성 과정을 자신의 의도대로 통제할 수 있었다.

(4) 베다의 이용

베다는 가장 오래된 문헌으로 그것을 이용하는 사제인 브라흐만이 가장 권위 있다고 여기는 경전이다. 따라서 뿌라나 문헌에서 보이는 모든 혁신적인 것은 베다의 이름으로 만들어졌다. 즉 베다의 이름으로 모든 것이 승인될 수 있었다. 뿌라나 문헌에 나타난 일부 행위는 베다와 아무런 관련이 없었지만 브라흐만은 이런 것에 대해 전혀 신경 쓰지 않았다. 그들은 베다라는 마법의 손길이 닿기만 해도 뿌라나 문헌에 등장하는 모든 새로운 요소들이 브라흐만 전통에 부합하는 것으로 바뀔 것이며 오래전부터 이어진 전통의 일부로 비춰질 것이라 굳게 믿었다. 이 때문에 뿌라나 문헌은 종종 베다의 간결한 버전 혹은 정교한 버전 등으로 불린다.

브라흐만은 뿌라나 문헌이 깔리유가(Kaliyuga, 깔리의 시대)[58]의 도래와 맞물려 작

---

58 뿌라나 문헌에 나타나는 신화적 시대 구분의 명칭 중 하나로 가장 마지막인 네 번째 시대를 뜻한다. 인류의 시대는 총 네 시대로 구분되며 다르마가 제대로 지켜지고 모든 사람이 진실한 생활을 하는 황금시대 끄리따(Krita) 혹은 사따(Satya) 유가가 첫 번째 시대이다. 이 시기는 1,278,000년 동안 지속되었다고 알려졌으며 여신 다르마(Dharma)가 네 다리로 굳건하게 서 있는 암소로 분하여 도덕을 상징한다. 이어지는 뜨레따(Treta) 유가, 드와빠라(Dvapara) 유가 시대에는 도덕을 상징하는 다리가 하나씩 사라져 마지막 깔리유가에 이르러 세상은 하나의 다리로 의지하는 다르마 여신으로 나타나 온 세상이 부도덕으로 가득함을 보여준다. 깔리는 '분쟁', '싸움', '언쟁' 등을 뜻하며 악마 깔리(Kali)와 연관 지어 이해할 수 있다.

성되기 시작했다고 주장한다. 그들에게 있어 깔리유가는 모든 사람이 어리석어지고 수명이 짧아지는 시대였다. 또한 사람들이 더 이상 베다를 학습하지도, 이해하려 하지도 않게 되는 시기였다. 이 때문에 브라흐만은 모든 사람을 각성시켜 다시 베다를 학습할 수 있도록 하게끔 뿌라나 문헌을 만들게 된 것이다. 베다의 학습에서 여성과 슈드라가 배제되는 것과 달리 뿌라나 문헌에 나타난 이야기를 듣는 것은 여성과 슈드라도 가능했다. 즉 브라흐만은 베다가 강조하고 있는 브라흐만 전통의 이상을 모든 사람에게 전파할 목적으로 뿌라나 문헌에 대중들이 익숙하게 느끼는 각 지역 전통의 종교 문화를 삽입시켜 베다라는 이름으로 새롭게 각색하여 제시한 것이다.

이는 자칫 브라흐만이 베다의 권위를 부당하게 이용한 사례가 아닐까 하는 의문을 갖게 하지만 그렇지 않다. 왜냐하면 앞에서 이미 살펴봤듯이 그들은 다섯 번째의 베다라는 개념을 통해 뿌라나 문헌이 지닌 혁신적인 모습들에 대한 사회적, 법적 승인을 받을 수 있었기 때문이다. 스므리띠, 뿌라나, 서사시 등 무엇이든 베다의 권위가 필요할 때 다섯 번째의 베다로 불릴 수 있었다. 베다는 브라흐만에게 절대적인 권위를 가진 문헌으로 그것의 이용은 광범위하게 이루어졌다. 하지만 베다는 특히 굽따 시대 이후로 시작된 브라흐만 전통의 개혁과정에서 가장 많이 이용되었다.

#자이 산또시 마(Jai Santoshi Ma)[59]

브라흐만이 지역 문화와 접촉하면서 수많은 지역 전통의 종교적 요소들이 브라흐만 전통으로 유입되었다. 특히 다양한 이름을 가진 지역의 여신들이 브라흐만 전통으로 편입되었다. 시간이 흐름에 따라 사회는 변화하고 새

---

59 '자이 산또시 마'는 1975년에 저예산으로 제작된 힌디 영화이다. 산또시 마 또는 산또시 마따는 충족의 여신이다. 저자는 뿌라나 문헌이 과거는 물론 현재에도 작성 중에 있음을 자이 산또시 마의 경우를 들어 설명하고 있다.

로운 사회는 그에 부합하는 새로운 여신을 원하게 되었다. 산또시 마 역시 이렇게 변화하는 사회에 발 맞춰 영화 속 주인공에서 영향력 있는 여신으로 탈바꿈하였다. 부유한 사람들 사이에서 인기가 많은 산또시 마는 그들의 후원에 힘입어 앞으로 산스크리트로 작성될 뿌라나 문헌에 추앙받는 여신으로 기록될 것이다.

자이 산또시 마 영화 포스터

5. 뿌라나 종교는 베다 종교와 같은가?

뿌라나 문헌은 베다의 절대적 권위에 의지해서 브라흐만 종교 전통을 수정할 수 있었다. 우리는 앞으로 뿌라나 문헌에 나타나는 브라흐만 종교의 발전이 베다 종교와 얼마나 차이가 나는지 살펴볼 것이다. 브라흐만 사회가 확장되면서 브라흐만 종교도 급격한 변화를 겪게 되었다. 이러한 변화는 뿌라나 문헌에 고스란히 기록되었다. 이렇게 변화되는 환경 속에서 뿌라나 문헌을 작성하는 브라흐만은 베다와의 관련성을 최소한도로 적용하여 베다와의 관계를 지속하는 방식을 채택했다. 뿌라나 문헌에서 변화된 내용은 다음과 같다.

– 뿌라나 문헌에 등장하는 신은 베다의 신과 다르다. 뿌라나 문헌에서 중요하게 취급되는 신은 브라흐마(Brahma), 비슈누 그리고 시바이다. 각각의 신은 우주의 창조, 유지 그리고 파괴를 담당하며 새로운 신의 체계에서 뜨리무르띠(trimurti, 삼위일체)로 나타났다. 이들 세 신 중 오직 비슈누만이 베다 문헌에 언급되어 있다. 하지만 베다 문헌에 나타난 비슈누는 인드라 신의 동료이긴 했지만 어떤 중요성도 지니고 있지 않았다. 또한 오늘날 인도 전역에서 인기를 끌고 있

아내 사라스와띠 여신과 함께 있는 브라흐마 신

비슈누 신

가네샤 신

는 가네샤(Ganesha) 신[60]도 베다 문헌에서 찾아볼 수 없다.

– 뿌라나 문헌은 가부장적인 베다 신들 체계에서 아주 미약한 위치에 있었던 여신을 새롭게 발굴하여 주요한 신의 부류로 격상시켰다. 베다 문헌에도 우샤(Usha), 쁘리트비(Prithvi) 같은 여신이 존재했지만 남신과 비교했을 때 그들의 지위는 매우 미약하였다. 하지만 뿌라나 문헌에 등장하는 여신은 우주적 힘과 에

60 가네샤는 인도에서 가장 인기 있는 신들 중 하나로 모든 장애물을 없애주는 신으로 유명하다. 시바신과 빠르바띠 여신의 아들로 알려져 있고 가나빠띠(Ganapati), 비나야까(Vinayaka) 등의 이름으로도 불린다.

너지의 원천으로 여겨졌다. 두르가(Durga)[61], 라다(Radha), 락슈미, 깔리[62]와 같은 강력한 여신들이 뿌라나 문헌에서 중요한 여신으로 출현하게 되었다. 뿌라나에 여신이 대거 등장한 이유로 지역 전통의 종교에서 여신이 계속해서 숭배의 대상이 되어왔다는 점을 지적할 수 있다. 브라흐만 전통이 각 지역 전통을 흡수하는

두르가 여신

라다끄리슈나

깔리 여신

---

61 두르가 여신은 빠르바띠 여신이 전사戰士로 변할 때 취하는 형태로 전쟁의 신을 상징한다. 평화와 번영을 위협하고 해치는 모든 악과 악마들에 맞서 싸운다. 두르가는 또한 지모신의 험악한 형태이기도 하다. 따라서 창조를 저해하고 모든 생명을 위협하는 행동에 분노하고 이를 저지한다. 일반적으로 두르가 여신은 사자 또는 호랑이 위에 올라탄 모습으로 그려진다.

62 딴뜨라의 영향으로 우주의 여성적 원리인 샥띠(shakti가 강조되면서 불교의 여신과 만나 마하비댜(Mahavidya, 위대한 지혜) 여신들이 탄생하게 되었다. 깔리까(Kalika)로도 불리는 깔리 여신은 마하비댜 중 하나이다. 그녀는 모든 악을 없애며 자유와 해방을 주는 자를 보호하는 임무를 맡기도 한다. 그녀 역시 빠르바띠 여신의 사나운 형태로 남편인 시바신과 함께 나타나기도 한다.

과정에서 지역의 토착 여신 역시 브라흐만 전통으로 포함 될 수 있었던 것이다.

– 우리는 앞서 '베다 시대를 찾아서'란 제목으로 베다의 주요한 신을 살펴보았다. 베다 문헌에 주요한 신으로 등장했던 아그니, 인드라, 소마 신의 지위는 시간이 흐르면서 점차 쇠퇴했다. 미뜨라(Mitra)와 바루나(Varuna)도 중요한 베다 신이었다. 우주의 질서를 유지하는 임무가 한때 그들에게 주어지기도 했다. 우리는 뿌라나 문헌에서 이러한 신의 모습을 찾아볼 수 없다. 인드라 신은 뿌라나 문헌에도 등장하고 이전과 같이 신들의 왕으로 묘사되지만 그의 실질적인 권력은 모두 비슈누 신에게 넘겨졌다.

– 또 다른 뿌라나 문헌의 혁신은 신이 인간의 형상으로 나타났다는 것과 형태가 있는 신상으로 표현되었다는 사실이다. 그들은 열 개의 팔을 소유하거나 네 개의 머리를 갖는 등 아주 현실적이진 않지만 인간과 매우 유사한 모습으로 나타났다. 신은 더 이상 추상적인 개념으로 이해되는 존재가 아니라 실제로 보고 만질 수 있는 존재가 되었다.

– 신상은 곧 성스럽게 생각되었고 숭배의 대상이 되었다. 신상은 아무 곳에나 안치될 수 없었다. 그것은 집 안에 숭배를 위해서 따로 준비된 방 혹은 왕의 후원으로 지어진 거대한 사원의 성소에 위치했다. 이러한 신상 숭배를 위해서 인도 전역에 사원이 건립되기 시작했다. 물론 뿌라나 문헌이 작성되기 이전에도 테라코타로 만든 작은 신상들이 존재했지만 신상을 안치하기 위한 사원의 건립은 굽따 시대 이후에 이루어졌다.

– 새로운 신이 신상의 형태로 숭배되기 시작하면서 신을 찬양하는 방법 역시 변화했다. 이제 신상을 곱게 치장하고 꽃과 각종 공물로 신상 주위를 장식하며 일상적인 의례를 수행하게 되었다. 베다 의례가 지닌 근엄함은 뿌라나 문헌에 등장하는 종교 의례에서 찾아보기 힘들게 되었고 베다 만뜨라를 부르는 것도 사라졌다.

– 뿌라나 문헌은 띠르타(tirtha)[63]와 브라따(vrata)[64]를 실천하는 것과 같은 새로운 의례에 대해서도 설명하고 있다. 이들 모두는 브라흐만 전통의 영향력을 확대하는 것과 관련이 있었다. 인도 각 지역에 퍼져있는 종교 성지들을 서로 연결함으로써 순례자가 범인도적인 문화 통일성을 느끼도록 하는 것이 이러한 의례를 강화한 목적이라 할 수 있다. 원래 여성들의 종교 의례였던 브라따 역시 뿌라나 문헌을 통해 브라흐만 전통으로 인정받게 되었다. 브라흐만 사회는 바르나 체계로 구성되었지만 띠르타와 브라따는 바르나의 구분 없이 모든 사람이 참여하는 종교의례가 될 수 있었다. 특히 종교 성지를 순례하는 동안에는 접촉에 의한 오염이라는 전통적인 터부로부터 자유로울 수 있었다.

– 또 다른 근본적인 변화가 신과 숭배자의 관계에서 발생했다. 베다 종교에서 둘의 관계는 매우 기계적이었다. 베다 종교는 숭배자가 문헌에 언급된 대로 모든 의례절차를 준수해서 수행하기만 하면 원하는 바를 얻을 수 있다고 보았다. 뿌라나 문헌에 이르면 둘의 관계는 숭배자의 개인적인 헌신에 기초하게 된다. 즉 신과 숭배자의 관계가 숭배자의 신에 대한 사랑을 기본으로 하게 된 것이다. 이 때문에 숭배자는 자신이 찬양할 신을 개인적인 선호 혹은 가문의 결정 등으로 선택할 수 있었다. 신은 단순한 숭배의 대상을 넘어 소중히 여기고 아껴야 하는 존재로 바뀌었다. 신에 대한 의례 역시 형식적인 것이 아니라 진심으로 찬양하는 것으로 이해되었다. 매일 일상적으로 행하는 의례를 통해 숭배자는 신상을 세심하게 돌볼 수 있게 되고 이로써 신과 친밀한 관계를 형성할 수 있었다. 뿌라나 문헌의 신들 중에서 아이의 모습을 하고 있는 끄리슈나 신이 유독 인기가 많은 이유가 이렇게 신이 숭배자가 돌봐줘야 하는 존재로 인식되기 때문은 아닐까?

---

63 '여울', '건널목', '교차로' 등의 뜻을 지닌 띠르타는 힌두교와 자이나교에서 특히 종교성지순례(tirtha yatra)의 의미로 해석된다. 넓은 의미에서 띠르타는 브라따의 일종으로 여겨진다.

64 산스크리트로 '맹세', '결의', '기도'를 뜻하는 브라따는 힌두교와 자이나교 종교 의례에서 금식과 순례 등을 경건하게 지키는 것을 의미한다. 가장 기본이 되는 것은 가족의 건강과 행복을 추구하는 것이지만 목적과 과정에 있어서 지역적으로 다양한 것이 특징이라 할 수 있다.

이제 우리는 불편한 질문에 직면해야 한다. 뿌라나 종교는 베다 종교가 확장된 형태인가? 우리는 단일한 종교의 진화에 대해 논의하고 있는 중인가, 아니면 연속적인 우연의 일치로 비슷해 보이는 두 개의 다른 종교를 살펴보는 중인가? 역사가라면 이와 같은 문제를 피해갈 수 없다. 물론 이 질문에 쉽게 답할 수는 없더라도 말이다.

우리는 베다 문헌과 뿌라나 문헌 사이의 연결이 결코 우연하지 않다는 것을 보았다. 뿌라나 문헌은 모든 단계에서 베다를 언급하고 있다. 많은 것이 달라졌다고는 하지만 뿌라나 문헌에 등장하는 신들 중 일부는 베다에서 그 존재를 확인할 수 있다. 대표적인 예로 비슈누를 들 수 있다. 베다의 비슈누는 후기 베다 시대에 이르러 끄리슈나 바수데바와 합쳐진다. 『마하바라따』에서 끄리슈나는 더 이상 부족의 지도자가 아니다. 그는 비슈누 신의 아바따라(avatara, 화신)[65]로 등장한다. 『라마야나』의 중심이 되는 이야기 속에서 용감한 전사와 이상적인 왕으로 등장하는 라마는 서사시의 뒷부분에서 비슈누 신의 화신으로 변화한다. 실제로 어떤 학자는 비슈누 신의 화신 이론을 후기 베다 문헌에서 찾기도 한다. 그들은 브라흐마가 바라하와 꾸르마 화신으로 나타난 것이 바로 화신 이론의 기원이라 주장하고 있다. 이밖에도 오늘날 상층 브라흐만 사회의 결혼, 장례식 등에서는 여전히 베다 만뜨라가 암송되고 있다. 결국 베다와 뿌라나 간의 관계를 추적하는 과정에서 우리는 무수히 많은 장애물을 만나지만 그럼에도 불구하고 몇 가지 중요한 연결고리를 발견할 수 있었다. 특히 서사시의 초기 형태에서 이미 뿌라나의 종교에 대한 몇 가지 힌트를 찾아낼 수 있었다. 이것은 매우 자연스러운 현상

---

65 비슈누 신의 현현顯現, 화신化身은 우주적 질서를 회복하기 위해 이루어지며 일반적으로 그 수가 열 개라고 알려져 있다. 마뜨샤(Matsya, 물고기), 꾸르마(Kurma, 거대한 거북이), 바라하(Varaha, 멧돼지), 나라싱하(Narasimha, 반인반수半人半獸), 바마나(Vamana, 난쟁이), 빠라슈라마(Parashurama, 도끼를 든 전사), 라마(Rama, 아요댜국國의 왕), 끄리슈나 또는 발라라마(Balarama, 끄리슈나의 형), 붓다 또는 끄리슈나, 깔끼(Kalki)가 비슈누 신의 10화신이다. 이중 깔끼는 비슈누 신의 마지막 화신으로 깔리유가의 가장 마지막에 등장한다고 알려져 있다. 흰말을 타고 검을 차고 나타난 깔끼로 인해 깔리유가는 끝나고 다시 사땨 혹은 끄리따 유가가 시작된다고 한다.

비슈누 신과 화신들

이다. 그 어떤 종교도 준비 단계 없이 근본적으로 변화하지 못한다. 둘 사이의 관계를 이어주는 가장 중요한 요소는 바로 두 종교 문헌을 작성하고 보존해 온 브라흐만이다. 그리고 두 경전 모두 산스크리트로 쓰였다는 점이다. 물론 초기 베다 문헌의 산스크리트와 이후의 산스크리트는 그 형태가 다르게 나타나기는 하지만 말이다. 산스크리트에 대한 독점적 지식으로 브라흐만은 19세기 중반까지 기득권 세력으로 지위를 유지할 수 있었다. 산스크리트와 브라흐만이 베다와 뿌라나를 연결시켜주는 가장 중요한 요소이다. 브라흐만의 지위가 이렇게나 중요했기 때문에 하나의 동일한 커뮤니티로 존재한 적이 없었고, 단일한 관습이나 종교 교리를 갖고 있지 않았던 브라흐만이지만 마치 그들이 하나의 사회 권력 집단을 형성했던 것처럼 간주해서 당시의 종교를 브라흐만 종교 혹은 브라흐만 종교 전통이라 부르는 것이다. 이것 말고도 브라흐만은 사회가 바르나 체계로 구성되고, 각각의 바르나는 아슈라마다르마를 수행해야 하며, 베다에는 절대적으로 오류가 있을 수 없다는 베다의 무無오류성에 대한 믿음을 공유하고 있다. 이 세 특성은 베다와 뿌라나 문헌에 공통으로 나타나기 때문에 브라흐만 종교라는 이름이 베다와 뿌라나 종교 모두에게 적용될 수 있다.

그렇다면 우리는 이를 하나의 종교 체계라고 부를 수 있을까? 만일 그렇다면 둘 사이의 근본적인 차이점을 살펴본 이후에는 어떻게 말해야 하는가? 사실 우리는 두 종교가 수많은 연결고리를 가지고 있음에도 불구하고 서로 다른 종교라는 것에 대해 논의하는 중이다. 하지만 이 두 종교에는 같은 표식이 붙을 수 있다. 그것은 힌두교이다. 우리는 이제껏 힌두교라는 용어를 사용하지 않았다. 뿌라나가 작성될 시기에도 이 용어의 사용은 두드러지지 않았다. 근본적인 차이점을 보이는 두 개의 종교를 모두 포용할 수 있을 정도로 유연하고 때로 상반되는 믿음과 행동도 포괄할 수 있으며 대다수가 인정할만한 종교 체계인 힌두교만이 이 두 종교를 한데 묶을 수 있다. 어떤 특정한 정의 없이도 우리는 힌두교의 주요한 특징을 정리해볼 수 있다.

#자간나타(Jagannatha) – 발라라마(Balarama) – 수바드라(Subhadra)

뿌라나 문헌에 나타나는 브라흐만 사회와 지역 문화가 상호 의존하는 예를 하나 찾아보도록 하자. 우리는 오디샤(Odisha) 주 뿌리(Puri)의 자간나타 사원에 대해 잘 알고 있다. 이 사원에는 나무로 만들어진 자간나타, 발라라마, 수바드라 신이 함께 모셔져 있다. 이 신상을 보았거나 그들의 그림을 본 사람들은 이 신들이 불완전한 인간의 모습을 하고 있다는 것을 알 것이다. 그들은 팔이 없고 머리와 몸통도 완전한 형태를 갖추지 않고 있다. 뿌라나 문헌에 나타나는 대부분의 신과 여신이 대개 젊고 예쁘며 잘생기게 나타나는 것과 대조된다. 따라서 예외적인 부조화는 설명을 필요로 한다. 『스깐다 뿌라나』

*Skanda Purana*의 우뜨깔라 칸다(Utkala khanda)를 통해 자간나타 신은 본래 샤바라(Shavaras) 부족의 신이었다는 것을 알 수 있다. 문헌은 자간타나 신이 어떻게 브라흐만에 의해 탈취되었는지를 말해주고 있다. 이 경우에 브라흐만은 원래 신상의 형태를 변형시키지 않았다. 아마도 너무 잘 알려진 형태였기 때문이리라. 하지만 전통적인 민담은 좀 더 풍부한 정보를 알려준다. 그에 따르면 왕은 천상의 예술가 비슈와까르마(Vishvakarma)를 시켜 자간나타 신상을 조각하도록 했다. 이 일의 중대함을 느낀 비슈와까르마는 한 가지 조건을 제시하면서 그것이 받아들여지면 곧바로 작업에 착수할 것이라고 했다. 비슈와까르마의 요청은 그가 작업을 끝내는 삼일 동안 누구도 작업이 어느 정도 진행되었는지 보여 달라고 하지 말라는 것이였다. 왕은 호기롭게 약속했지만 그만 호기심에 굴복하고 말았다. 이틀째 되는 날 그는 문틈으로 작업장을 엿보았다. 비슈와까르마는 자신과의 약속을 깬 왕에게 분노하여 즉시 작업을 중단하고 그곳을 떠났다. 이 때문에 신상은 미완성된 채로 남게 되었고 그 모양 그대로 사원에 안치되어 사람들로부터 숭배 받게 된 것이다. 하지만 신도들의 눈에는 이 신상들이 세상 그 무엇보다도 아름다울 것이리라.

자간나타, 발라라마, 수바드라 신

뿌리의 자간나타 사원

6. 힌두교의 특징

힌두교는 독특한 특징을 많이 보여준다. 그들이 독특한 이유는 다른 어떤 세계 종교에서도 아래와 같은 특성들이 발견되지 않기 때문이다. 특징은 다음과 같다.

– 베다와 뿌라나 종교를 포함하는 힌두교는 창시자가 없다. 새로운 종교 교리를 설파하며 또 다른 새로운 종교의 시작을 알렸던 고따마 붓다, 지저스 크라이스트(Jesus Christ), 하즈라트 모함마드(Hazrat Mohammad)와 같은 창시자가 힌두교에는 존재하지 않는다. 이는 힌두교가 역사적 시작점이 없다는 점과도 연결된다. 이 때문에 힌두교의 연대는 그것을 활용하려는 사람의 필요에 의해 결정된다. 예를 들어 하랍빠 문명 유적지에서 발견된 여성의 테라코타 소상과 '빠슈빠띠 시바(Pashupati Shiva, 동물의 신 시바)'의 모습이 담긴 하랍빠 인장이 힌두교와 연결될 경우 힌두교의 시작은 3천 년 전으로 거슬러 올라간다.

모헨조다로에서 발견된 빠슈빠띠 인장

– 힌두교는 모든 신자가 절대적으로 신뢰하며 종교 생활의 지침으로 삼는, 종교 교리가 집대성된 단일한 경전을 갖고 있지 않다. 즉 힌두교에는 기독교의 성경이나 이슬람교의 『꾸란』*al–Quran*[66]과 비교되는 경전이 없다는 얘기다. 하지만 그 어떤 제도적 종교도 아무런 경전 없이 효율적으로 종교 교리를 설파할 수 없다. 결국 힌두교도 그러한 경전의 역할을 할 문헌을 제시할 수밖에 없었고 이것이 바로 네 개의 베다이다. 하지만 이 때문에 우리는 아이러니한 상황을 마주하기도 한다. 뿌라나 문헌은 힌두교 신자를 위해 절대적으로 필요한 문헌이 베다라고 규정하고 있는데 이미 그 시기에는 희생제의가 중심이 되는 베다 의례가 더 이상 시행되지 않을 때였다. 결과적으로 베다는 뿌라나 문헌에서 더 이상 기능적으로 중요하지 않게 된 것이다. 하지만 이렇게 베다 의례가 사라진 이후에도 베다의 학습과 그것의 보존은 브라흐만에게 가장 성스럽고 중요한 의무가 되었다. 뿌라나 문헌의 저자 역시 자신들이 작성하는 문헌이 베다가 제시하고 있는 교리를 좀 더 정교하고 세심하게 다듬는 과정이라 주장하고 있다. 베다가 경전으로 확실히 인식되고 있는 것이다.

– 힌두교에는 기독교의 교회, 불교의 승가와 같이 종교적 신념과 행위의 기준을 정하고 따르게 하는 권위 있는 종교 조직체가 없다. 모든 힌두 사원은 자생하며 상위 명령체계를 갖고 있지 않다. 이 때문에 힌두 사원의 영향력은 그 사원이 속한 지역 내에서만 유효한 것으로 나타난다. 그 어떤 사원도 전국적인 수준으로 영향을 미치지 못한다.

– 힌두교의 수행자 역시 하나의 일관된 조직 안에 소속되지 않으며 각기 다른 수행법과 문화를 지닌 다양한 종파에 속해 있다. 예를 들어 지식의 길을 추구

---

66 이슬람교의 창시자 무함마드가 천사의 계시를 듣고 읽은 것을 정리하여 만든 경전이다. 610년 천사 가브리엘이 무함마드에게 나타나 유일신 알라의 계시를 '읽으라'했고 이후 무함마드는 알라의 사자로서 계시의 음성을 들으며 그 내용을 전파했다. 『꾸란』은 알라가 주신 말씀이기에 무슬림은 『꾸란』에 적힌 말씀을 외우고 그에 따라 살아야 한다.

했던 베다 종교의 수행자와 화장터 등지에서 사회적으로 금지된 무서운 딴뜨라 의례를 행하는 아고리(Aghori)[67] 수행자 사이의 공통점은 그들 모두 버림의 삶을 선택해서 수행자가 되었다고 하는 점이다. 이렇게 수행자들 사이에서 나타나는 상이한 종교적 신념과 행위 때문에 수행자가 한데 모여 수련하는 수도원과 같은 기관이 존재할 수 없었다.

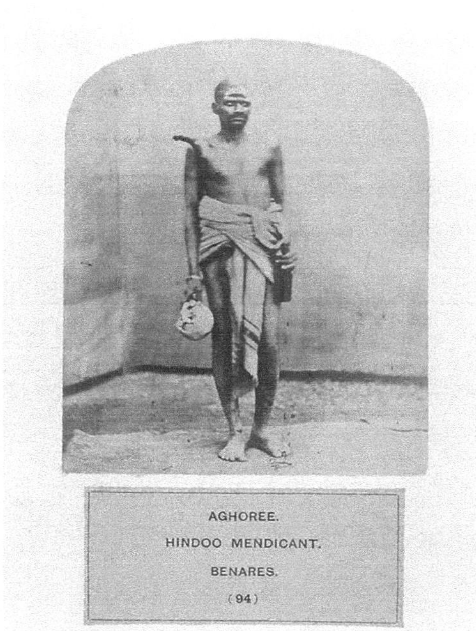

아고리 수행자

– 힌두교는 사회적 위계를 가진 종교이다. 모든 힌두 신자의 바르나는 이미

67 아고리 수행자는 사후 의례를 주로 행하기 때문에 납골당, 화장터 등에 거주하며 몸에 재를 바르고 죽은 사람의 뼈와 두개골 등으로 장식하고 다닌다. 정통 힌두교로부터 배척당하지만 사람들은 아고리 수행자가 보통 사람들이 할 수 없는 고행을 함으로써 치유의 능력을 소유하게 된다고 믿는다.

결정되어 있고 출생과 함께 사회적 지위를 부여받는다. 이 때문에 바르나 체계에 속해 있지 않은 사람들이 힌두교 안으로 들어오게 되면 '다섯 번째 바르나'와 같은 사회적 지위를 얻을 수 없다. 이것은 힌두가 오직 출생에 의해서만 가능하며 힌두교로의 개종은 불가하다는 것을 의미한다. 힌두는 자신이 선택하여 불교, 기독교, 이슬람교 등의 종교로 개종이 가능하지만 다른 종교를 믿었던 신자는 힌두교의 교인이 될 수 없다. 만일 어떤 사람이 자신을 힌두라고 공표하고 힌두교적인 종교 생활 방식을 따른다고 해도 그에게는 바르나 지위가 수여되지 않는다. 이는 힌두교가 개종이라고 하는 것을 받아들이지 않기 때문이다. 19세기에 등장했던 아리아 사마즈(Arya Samaj)[68]와 같은 개혁적인 신新힌두 종파는 정화 의례를 통해 개종한 힌두를 모두 수용하는 방법을 채택하기도 했다. 하지만 이러한 시도도 아주 성공적이진 못했다.

중세 박띠(Bhakti)[69] 의례들이 지닌 다양성은 힌두교라는 종교의 범위가 얼마나 크고 방대한지를 보여주는 중요한 예이다. 모든 종교 지도자들은 자유롭게 자신의 교리를 설파할 수 있었다. 힌두교는 항상 '다름'에 대한 공간을 허락해왔다. 물론 이러한 다양성의 자유를 위협하려는 시도는 끊임없이 계속해서 있어왔지만 항상 실패할 수밖에 없었다. 오히려 이러한 시도들도 모두 힌두교에 편입되는 결과를 초래했다.

68 다야난드 사라스와띠(Dayanand Saraswati)가 1875년 4월 10일 봄베이를 기점으로 하여 창립한 조직으로 유일신에 대한 믿음을 강조하고 우상숭배를 배척하는 것을 중심으로 하는 힌두 개혁 운동에 앞장섰다. 아리아 사마즈는 힌두교에 처음으로 개종을 도입하였다.

69 산스크리트로 '헌신', '경애', '신애'를 뜻하는 박띠는 신에 대한 사랑과 헌신으로 해탈을 추구하는 대중적 신앙을 의미한다. 박띠 신앙은 『바가바드 기따』를 통해 해탈에 이르는 3가지 길 중 하나인 박띠 요가의 형태로 제시되면서 발전하였다. 박띠 요가는 신에 대한 열렬한 사랑과 사심 없는 봉헌으로 신과 합일을 이루어 해탈을 할 수 있다는 것을 중심으로 하고 있다. 박띠의 등장은 이전까지 주를 이뤘던 사변적이고 철학적인 해탈 추구에서 벗어나 보편적이고 실천적인 방법으로 해탈이 가능함을 보여주었다.

힌두는 『바가바드 기따』를 성스러운 문헌으로 생각하는가?

힌두 종교 문헌이 지닌 또 다른 성격을 살펴보자. 우리는 힌두가 생각하는 가장 성스러운 문헌이 바로 베다라는 것을 알 수 있었다. 물론 이론적으로 그렇다는 것이다. 일반적인 힌두의 종교생활에서 실제로 베다가 활용되는 경우는 거의 없다. 그렇다면 힌두가 성스럽다고 생각하면서도 친숙하게 사용하는 경전은 하나도 없다는 뜻인가? 사실상 힌두는 하나의 절대적인 경전을 갖고 있지 않지만 그를 대신할 수많은 경전을 가지고 있다. 각 힌두 종파는 그들이 가장 성스럽다고 여기는 경전을 소유하고 있다. 비슈누 종파는 『바가바따 뿌라나』*Bhagavata Purana*를, 샥따(Shaktas) 종파는 『데비-마하뜨먀』*Devi-Mahatmya*를 각각 최고의 경전으로 여긴다.

모든 힌두가 인정하는 최고의 경전은 없는 걸까? 아마도 『바가바드 기따』가 그러한 위치에 오를 수 있을 것이다. 서기 1-2세기경 작성된 『바가바드 기따』는 끄리슈나가 아르주나(Arjuna)에게 해주는 조언과 충고를 중심적인 내용으로 하고 있다. 꾸루끄셰뜨라(Kurukshetra) 전투 전날 밤에 사촌에게 칼을 겨눠야만 하는 아르주나에게 끄리슈나는 끄샤뜨리야의 의무에 대해 설명하고 그가 전투에 참여할 수 있도록 격려한다.

『바가바드 기따』의 공헌으로 다음의 두 가지가 지적된다.

– 구원에 이르는 지식, 행동, 헌신의 길 중에서 헌신이 대다수의 힌두가 따를 수 있는 가장 보편적인 길이라는 것을 분명히 했다.

– 모든 사건은 우주적인 계획으로 이미 다 그 결과가 결정되어 있고 여기에서 한 개인의 노력으로 바꿀 수 있는 것은 하나도 없다. 따라서 개인은 어떤 제약이나 기대하는 결과 없이 자유롭게 자신의 의무를 다 하기만 하면 된다고 보았다.

단순하고 자칫 모순되는 철학으로 보이는 『바가바드 기따』의 사상은 개인의 의지와 노력을 무시한다는 측면이 있지만 긴 시간동안 힌두의 삶에 엄청난 영향력을 미쳐왔다.

7. 힌두는 누구인가?

그렇다면 힌두는 누구인가? 19세기까지 힌두는 브라흐만 전통에 속한 사람이었다. 오늘날에는 공식적인 센서스가 행해질 때 자신을 힌두라고 표기하는 사람 모두를 힌두라 부른다. 우리는 힌두라고 하는 정체성을 확인할 수 있는 적당한 방법을 찾을 수 없다. 브라흐만 역시 누가 힌두이고 왜 힌두인지에 대한 공통적인 합의 사항을 갖고 있지 못하다.

브라흐만 전통의 관점에서 보면 아마도 베다의 무無오류성과 바르나 체계의 수용이 힌두라는 정체성을 결정짓는 최소한의 조건이 될 것이다. 하지만 오늘날 인도에서 힌두라고 불리는 사람은 베다의 내용에 친숙하지도 않고 그것을 종교 의례에 사용하지도 않고 있다. 그들은 베다가 무오류성을 지녔는지 아닌지에 대해 관심조차 없다. 인도 시골에서는 여전히 카스트 위계가 지배적이지만 그 역시 종교적 정체성이 아닌 사회적 정체성으로 드러나고 있다.

센서스의 오류 역시 계속해서 제기되고 있다. 만일 힌두인 누군가가 자신을 힌두가 아니라고 기록한다면 우리는 어떤 방법으로도 그가 힌두라는 것을 입증해낼 수 없게 된다. 기독교나 이슬람교와 달리 힌두교는 정식으로 힌두교인이 되는 정식 종교 절차, 즉 입문의례가 없다. 그 결과 개인은 아주 쉽게 스스로를 힌두라 주장할 수 있게 되었다. 그리고 우리는 그러한 주장이 잘못된 것이라고 입증할 수 있는 아무런 방법을 가지고 있지 않다. 이 때문에 힌두에 관한 논쟁은 맹렬하게 지속되어 왔다.

(1) 힌두의 기원

힌두는 산스크리트 '신두(sindu)'가 페르시아어로 변형되어 나타난 것이다. 이 용어는 인더스 강과 인접 지역에 거주하던 사람들을 지칭하며 조로아스터교의 경전 아베스타(Avesta)[70]에 사용되었다. 8세기 무렵부터 무슬림이 인더스 계곡에 정착하기 시작했고 페르시아 작가들은 무슬림이 아닌 인도인을 힌두라 불렀다. 당시 유명한 여행가였던 알 비루니(Al-Biruni)[71] 역시 인도에 관한 자신의 책에서 동일한 의미로 힌두를 언급했다. 이 시기의 페르시아 학자들은 힌두가 서로 다른 종교 생활을 영위하는 다양한 종파로 나뉘어 있다는 점을 인식했다.

오스트리아 비엔나 UN 사무소에 설치된 알 비루니 조각상

70 페르시아어로 '지식'을 뜻하는 아베스타는 조로아스터교의 경전이다. 조로아스터교의 신 아후라 마즈다(Ahura Mazda)가 예언자 조로아스터(Zarathustra)에게 계시한 것으로 우주의 창조, 법, 전례, 조로아스터의 가르침 등이 기록되어 있다. 문자로 기록되기 전까지 수세기에 걸쳐 구전되었으며 현존하는 아베스타는 3세기경 결집된 것으로 알려졌다.

71 알 비루니(973-1050년)는 페르시아 학자로 천문학, 수학, 점성술, 지리학, 역사학, 박물학에 정통했다고 알려져 있다. 1017년 가즈니(Ghazni) 왕조의 술탄 마흐무드(Mahmood)가 중앙아시아를 침략했을 때 왕조의 수도인 가즈니에 포로로 잡혀왔다. 이후 궁정 천문학자로 활동했으며 같은 해 마흐무드의 인도 원정길에도 동행했다. 그곳에는 알 비루니는 지역 주민들에게 그리스어를 가르쳤고 그 대가로 산스크리트어와 아랍어를 배웠다. 12년 동안 힌두교의 철학 체계와 현지 풍습 및 종교 생활을 관찰한 후 『인도의 책』을 집필했다.

그러나 유럽인들이 이 용어를 사용하게 되었을 때, 그들은 힌두 사회에 존재하는 다양성을 알아채지 못했다. 유럽인들은 심지어 그들이 언급하는 지리적 실체로서의 인도가 인더스 강으로부터 유래했다는 사실도 몰랐다. 그들에게 힌두는 인도에 거주하는 무슬림, 기독교인, 유대인, 빠르시교도, 자이나교도들과 구별되는 사람들이었다. 그들은 힌두를 다른 종교의 신자들처럼 독립적이고 확실한 정체성을 지닌 종교인이라고 인식했다. 이 시기 힌두라는 용어의 의미가 완전히 변화하고 힌두교라는 용어가 탄생한 것은 인도인에게 매우 비극적인 현상이라 할 수 있다.

현재까지 모두를 만족시키는 힌두교와 힌두에 관한 정의는 만들어지지 않았다. 인도를 통치하게 되면서 인도에 대해 자세하게 조사한 영국인과 인도의 종교 문헌을 연구한 학자들 덕분에 힌두교가 다른 세계의 종교들처럼 잘 조직되고 정비된 것이 아니라 매우 다양하고 때로는 이질적인 종교 문화를 전부 합한 것의 이름이라고 알려졌을 뿐이다. 하지만 그 속에서도 서로 연결되는 부분이 있었으니 그것은 바로 브라흐만의 존재였다. 이를 토대로 하여 그들은 힌두교가 세 단계의 발달 단계를 거친 하나의 종교로 가능하다는 결론을 내릴 수 있었다. 첫 번째는 '베다-브라흐만 단계'로 순수하고 철학적 사고가 풍부하다는 특성을 보인다. 두 번째는 '스므리띠-뿌라나 단계'로 지나치게 많은 의례와 각종 신화와 전설로 가득 차 있다는 특성이 있다. 세 번째는 '원시적이고 비논리적인 믿음이 팽배한 단계'이다. 세 단계의 발달 과정으로 이루어진 힌두교는 현재까지도 많은 사람들에 의해 지지를 받고 있다. 특히 서구적인 교육을 받고 개혁적인 성향을 띠고 있는 신新힌두 신자들은 힌두교의 첫 번째 단계가 가장 순수하고 정화된 형태의 힌두교라 믿는다. 이러한 역사적 과정을 통해 힌두교는 수많은 가지를 지닌 거대한 나무가 되어 실재하는 종교가 될 수 있었다. 모든 종파를 아우르고 서로 다른 종교 관습과 문화를 통합하려 했던 뿌라나 문헌의 시도로도 힌두교라고 하는 하나의 종교가 만들어지지 못했지만 식민지 시기 동안 이것이 가능해진 것이다.

식민지 기간에 만들어진 힌두교는 베다가 결집되던 시대부터 이어져 온 모든 관련된 것들을 덮을 수 있는 우산으로 기능했다. 이때부터 힌두교는 다양성 속의 통일성, 통일성 속의 다양성을 특징으로 할 수 있게 되었다.

(2) 힌두뜨바 정치

최근에 일부 힌두가 힌두뜨바를 주창하기 시작했는데 이것이 현재 인도에서 큰 논란을 불러일으키고 있다. 힌두뜨바 숭배자는 강력하고 조직적인 힘을 갖는 하나의 힌두 공동체를 만들고 싶어 한다. 그들은 숫자적인 우세함을 무기로 앞세우며 자신의 이익과 종교적 신념을 위해 투쟁한다. 바로 뒷장에서 우리는 힌두뜨바의 기원, 목적, 그리고 성격에 대해 알아볼 것이다. 하지만 여기서 한 가지 명심해야할 것이 있다. 힌두뜨바 사상은 힌두교의 역사를 관통해 온 두 가지의 사실과 정면으로 대치된다는 사실이다. 우선 이제껏 힌두교가 보여준 다양성이라는 유연한 성격이 힌두를 하나로 묶으려는 시도로 인해 훼손되고 있다는 점을 들 수 있다. 계속 이러한 현상이 지속될 경우 힌두교의 발전 자체가 저해될 수 있다. 다음으로 힌두뜨바 단체가 이전의 힌두교에서 찾아볼 수 없는 감시자의 역할을 수행하고 있다는 사실이다. 이는 자유롭게 자신의 종교적 믿음 활동을 해온 개별적인 힌두의 자유를 제한할 수 있다는 점에서 매우 위험하다고 인식되어야만 한다. 즉 힌두교는 힌두뜨바와 구별되며 힌두뜨바는 힌두교가 역사적으로 발전해 온 과정 속에서 자연스럽게 등장한 것이 아니라는 것을 깨달아야 한다. 사실상 힌두뜨바는 힌두교에게 해를 끼치는 존재이다.

힌두뜨바

베다와 다른 종교 문헌은 힌두교의 관리인임을 자부하는 일부 사람들에 의해 이용되어 왔다. 그들은 한편으로 모든 인도의 종교 전통을 무시하면서 다른 한편으로 인도의 모든 종교가 베다로부터 유래했다는 주장을 펼친다. 우리는 그들이 주장하는 바가 사실이 아니고 그들이 원하는 것이 우리가 전통적으로 지녀왔던 문화적 다양성과 유연성의 포기라는 것을 알고 있다. 인도라는 나라의 문화와 신념을 통일된 하나로 만들려는 자들은 힌두뜨바의 이름 아래 모였다. 힌두뜨바는 힌두교와 전혀 유사하지 않다. 힌두뜨바는 오히려 힌두교라는 종교의 발전을 가로막는 개념이라 할 수 있다. 이 장에서는 현대 인도에서 논란이 되고 있는 힌두뜨바 이데올로기의 목적과 성격 그리고 그를 지지하는 증거들에 대해서 논의할 것이다.

1. 힌두뜨바 정치를 왜 살펴봐야 하는가?

인도에는 수많은 종교 조직과 기관이 있다. 그들의 종교적 신념과 행동은 매우 다양하고 복잡하게 나타난다. 그리고 그들은 오랜 기간 인도에서 공존해 왔다. 그런데 우리는 왜 힌두뜨바에 대해서만큼은 걱정을 해야 하는가? 그것에는 다음과 같은 두 가지 이유가 있다. 첫째, 힌두뜨바 진영이 현재 펼치고 있는 행동은 인도의 가장 큰 종교 커뮤니티인 힌두의 이름으로 자행되고 있으며 그 결과 역시 힌두에게 제일 깊은 영향을 미치고 있다. 이들의 저서는 특히 사회적, 정치적, 경제적으로 영향력 있는 엘리트 힌두 집단에게 깊은 호소를 하고 있다. 따라서 그들이 주도하는 힌두뜨바 정치는 인도의 정치 환경을 바꿀 수 있는 능력을 가진다고 할 수 있다. 인도국민당(BJP, Bharatiya Janata Party)[72]이 정권을 잡았을 때 그들은 인도에서 가장 많은 신자를 확보하고 있는 힌두교에 유리하도록 헌법을 수정하려했고 민주주의와 세속주의를 다수결주의로 바꾸려고 노력했다. 여기에서 우리가 다시 한 번 확인해야 할 것은 한 커뮤니티의 영속적인 이익을 위한 정치는 절대로 민주주의라 부를 수 없다는 사실이다. 둘째, 힌두뜨바 정치는 1980년대 인도의 기독교인과 무슬림을 상대로 폭력적이고 악의적인 캠페인을 벌이며 인기를 끌게 되었다. 2002년 구자라뜨(Gujarat) 주에서 벌어진 폭력 사태[73]는 힌두뜨바 정치가 개입된 뚜렷한 예이다. 물론 이전에도 종교 간의 분쟁이 계속 있어왔고 때로 폭력적인 소요로 진행되기도 했지만 그 어떤 경우에도 정치적인 조직이나 기관에 의해서 행해지진 않았다. 이 때문에 조직적이고 체계적으로 행해지는 힌두뜨바 정치가 매우 위험할 수 있다.

2. 힌두뜨바 단체가 힌두를 선동하는 내용은 무엇인가?

힌두뜨바 단체는 여러 조직의 활동과 캠페인을 통해 다음의 사실을 힌두에

---

72 1980년에 만들어진 인도의 정당으로 하나의 국가, 하나의 민중, 하나의 문화를 신봉하는 강렬한 힌두 내셔널리즘을 표방한다. 자신의 정당이 인도의 다수를 차지하고 있는 힌두의 사회·종교적, 문화적 가치, 보수주의, 그리고 국가 안보를 옹호하는 대변자라 여긴다. 도시 지역의 중산층, 사업가나 상인 계층, 종교·사회적 보수 계층을 지지층으로 확보하고 있다. 2019년 현재 제1여당이다.

73 BJP 연립정부 집권기였던 2002년 2월 27일 구자라뜨 주(당시 주 장관이 현재 인도 총리 나렌드라 모디(Narendra Modi) 고드라Godhra에서 종교 성지 순례를 떠나던 힌두를 공격하기 위해 기차에 방화를 한 것으로 시작된 대규모 폭력 사태를 일컫는다. 대규모 충돌이 2개월 이상 지속되었고 3천-5천명 이상의 무슬림이 힌두 폭도들에 의해 살해되었다.

게 알리고 있다.

– 인도는 힌두의 땅이고 힌두 문화는 인도 문명을 이루는 핵심이다.

– 따라서 힌두 커뮤니티 밖에 존재하는 것은 본래 인도적인 것이라 할 수 없다. 힌두교를 제외한 인도의 모든 종교가 여기에 속한다. 그들은 위험하고 외래적인 것이다.

다양한 하위 기관을 가진 힌두뜨바 진영은 순수하게 힌두 문화만으로 이루어진 힌두 국가(Hindu Rashtra)의 건설을 희망하고 있다. 이 때문에 힌두가 아닌 다른 종교는 힌두 국가에 속할 수 없다. 같은 논리로 힌두가 아닌 다른 종교를 믿는 사람들은 힌두 국가의 국민이 될 수 없다. 배타적인 힌두 국가의 성립을 위해 다른 종교와 그 신자를 지속적으로 공격할 힌두뜨바 단체와 행동조직의 존재는 필수적인 것이 되었다. 종교적인 이름으로 자행되는 폭력은 더 이상 우연하고 계획되지 않은 지역적 긴장으로 이해될 수 없다. 그것은 아주 치밀하게 계산되고 조직적으로 만들어진 종교 운동이 되었다.

그럼 힌두뜨바와 관련된 사항들을 좀 더 살펴보기로 하자.

(1) 힌두 민족주의와 힌두 종교 이데올로기

때로 힌두 민족주의와 힌두 종교 이데올로기라는 용어가 서로 바뀌어 사용되기도 한다. 하지만 이 둘은 구별되어야 할 필요가 있다. 일상적인 쓰임에서 민족주의는 반反식민주의 투쟁과 동일하게 이해되어 왔다. 그리고 1925년에 설립된 힌두뜨바 진영의 민족봉사단(RSS, Rashtriya Svayam Sevak)[74]은 이와 같은 민족주의 운동에 참여한 적이 없다. 게다가 간디(Gandhi)와 같이 스스로를 힌두라 여긴

74 인도 민족봉사단은 1925년 헤드게와르(K. B. Hedgewar)가 창설한 극우 힌두 조직으로 민족주의 운동이 활발하게 진행되던 시기에 힌두 전체가 공유해야 할 민족의식 양성, 상호 유대의 강화를 목표로 삼았다. 집권 여당인 인도국민당의 사상적 기반을 제공한 것으로 알려졌다.

나그뿌르(Nagpur)에서 훈련 중인 RSS 단원들

세속적 민족주의자들은 기독교인과 무슬림들 역시 독립 국가의 국민이 될 것이라 확신했다. 간디는 힌두 대중들을 포섭하고 선동하기 위해 힌두의 상징을 이용했으며 미래의 이상적인 국가 형태로 람라쟈(Ramrajya, 라마의 왕국)[75] 개념을 사용하기도 했다. 이와 비슷하게 무슬림 민족주의자들도 식민정부에 대항하여 무슬림을 규합하기 위해 킬라파트(Khilafat)와 같은 종교적 개념을 사용했다. 그러나 정치에서 종교적 개념을 사용했다고 해서 반드시 정치적 통합이 이루어지는 것은 아니다. 1921년의 비협조운동과 킬라파트 운동[76]은 종교적 상징이 커뮤널리즘 혹은 통합을 위해서 꼭 필요한 것은 아니라는 사실을 보여준다. 더 나아가 우리는 힌두의 우월성에 대한 주장이 꼭 어떤 충돌을 야기하거나 적대감을 양산하지는 않는다는 것을 알고 있다. 오늘날 인도에는 다른 종교에 대한 힌두교의 우월성을 주장하는 힌두 민족주의자들이 존재한다. 하지만 이들 모두가 다른 종

75 간디는 1929년 9월 19일자 *Young India*에 기고한 글을 통해 라마의 왕국이 힌두의 왕국은 아니라는 점을 분명히 밝히고 있다. 그는 라마의 왕국에서 국민에 대한 통치는 도덕적 권위에 기초한다고 주장하며 이상적인 라마의 왕국은 다르마가 실현되고 남녀노소 할 것 없이 모두가 평화롭고 행복하게 살아가는 곳이라 묘사했다.

76 제1차 세계 대전에서 오스만 제국이 패하자 영령 인도의 무슬림 7천만 명은 연합국에 의한 칼리프(Caliph, 이슬람국가의 최고주권자)제의 폐지를 우려하여 칼리프 제도의 지지를 천명하는 운동을 전개하였다. 이것이 킬라파트 운동이다. 1919년 인도 북부에서 무슬림이 주도하는 운동으로 출발하였으나 힌두·무슬림간의 협력 강화를 위해 간디가 전면적으로 지지하면서 전인도 규모의 운동으로 확대되었다.

교를 위협하고 견제하기 위해서 자신의 우월성을 주장하지 않는다. 또한 그들은 힌두가 아닌 자는 인도에 살 자격이 없다고 하지도 않는다. 스와미 비베까난다(Swami Vivekananda)는 세계종교회의에 참석하여 힌두교의 우월성에 대해 발표했다[77]. 하지만 그가 힌두교의 우월성을 주장했다고 해서 이슬람교와 기독교를 공격한 것은 아니었다. 또한 다른 종교에 대한 적대감을 근간으로 하여 힌두를 통합하려 하지도 않았다. 그는 아시아에서 탄생한 힌두교, 불교, 기독교 등 모든 종교가 친족 관계에 있다고 주장했는데 이 친족관계에서 이슬람교는 제외되었다. 하지만 이슬람교의 배제가 이슬람교에 대한 공격을 의미하지는 않았다. 슈리 오로빈도(Shri Aurobindo)[78]는 힌두의 통합과 인도의 통합을 동일한 의미로 사용하였다. 하지만 여기서도 우리는 타 종교에 대한 적대감을 찾아볼 수 없다. 결

시카고 세계종교회의에 참석한 비베까난다

1908년 수감 당시 오로빈도

77 1893년 9월 11일 시카고(Chicago)에서 열린 세계종교회의에 참석한 비베까난다는 실천적 베다의 가르침에 대해 연설하여 7천여 명의 참석자들로부터 뜨거운 호응을 이끌어냈다. 이후 미국과 영국 전역을 돌며 베단따 철학과 여러 요가에 대해 강연을 했다.

78 슈리 오로빈도는 인도의 철학자, 시인, 독립운동가, 요가 실천가이다. '통합 요가'라는 새로운 영성의 길과 종교·국경·인종을 초월한 영성 개혁을 실천했던 인물로 알려졌다. 1905년 벵갈 분할로 초래된 소요 사태를 계기로 독립 운동가로 활동했고 1906년과 1908년에 수감되어 옥중 생활을 견디며 요가와 명상에 심취하게 되었다. 1910년 퐁디체리(Pondicherry, 지금의 푸두체리Puducherry)에 정착해 영적 연구와 문학작품 집필에 시간을 보냈다.

국 우리는 통합이 적대감을 기본으로 하여 생성되는 것이 아니라는 것을 알 수 있다. 서로의 다름에 대한 인식이 바로 적대감으로 연결되는 것은 아니다. 하지만 힌두뜨바 이데올로기는 다름에 대한 공격과 투쟁을 핵심으로 하고 있다.

(2) 힌두교와 힌두뜨바

오늘날 힌두뜨바 진영의 활동을 살펴보면 힌두교와 힌두뜨바의 핵심이 동일하다는 그들의 주장을 받아들이기 쉽지 않다. 이제까지 우리는 이 둘이 얼마나 근본적으로 다른지 살펴봤다. 유일하고 일관적이며 자의식이 강한 힌두교라는 종교는 비교적 최근에 만들어진 것이다. 하지만 힌두교의 근간이 되는 종교적 신념, 의례적 행위, 도덕적 기준 등은 고대 시기부터 전해진 것들이다. 반면에 힌두뜨바 이데올로기는 완전히 현대적인 개념이다. 그 개념은 인도라는 국가가 생기기 이전에 등장했다고 보기 어렵다. 힌두뜨바 진영의 지도자는 사실상 힌두의 종교적 신념과 의례에 관심을 가지고 있지도 않고 그러한 것을 실행하고 있지도 않다. 하지만 종교적 관습, 실행, 신에 대한 믿음, 경전에 대한 무한한 신뢰 등은 한 사람의 종교를 보여주는 표식이 된다. 이렇게 힌두교의 철학과 교리에 관심이 없는 힌두뜨바 진영의 사람이 힌두교 신자 일리 없다.

그들은 『라마야나』의 라마와 중세 역사에서 라마의 탄생지에 세워졌던 사원을 부수고 그곳에 모스크를 세웠다는 무갈(Mughal) 제국의 황제 바부르(Babur)[79]를 연결시켜 선한 힌두 라마와 악한 무슬림 바부르 사이의 전쟁을 강조했다. 그들은 신화와 역사를 날조하여 자신의 목적을 달성하기 위한 수단으로 사용한 것이다. 서사시는 각 시대마다 다양한 버전으로 작성되었지만 그 어떤 버전도 라마

---

79 인도 무갈 제국의 제1대 황제(재위 1526-1530년)로 부계 쪽으로는 차가타이 칸국의 지배자였던 티무르의 후예로, 모계 쪽으로는 칭기즈칸의 후손으로 알려졌다. 본래는 중앙아시아의 페르가나 왕국의 지배자였으나 1504년 아프가니스탄 카불을 점령하고 그곳을 중심으로 하여 인도로 침입했다. 델리술탄(Delhi Sultanate)의 마지막 왕조였던 로디(Lodi) 왕조의 내분을 틈타 델리를 점령하고 자신의 제국을 세웠다.

와 바부르 사이의 전쟁을 언급하지 않고 있다. 실제 16세기 바부르가 통치하던 시대에 작성되었던 뚤시다스(Tulsidas)[80]의 『람 행적의 호수』*Ramcharitmanas*에서도 찾아볼 수 없다. 사실 모든 서사시의 버전에서 힌두-무슬림 간의 전쟁은 찾아볼 수 없다. 또한 아요댜(Ayodhya) 지역이 단순히 라마의 탄생지였기 때문에 숭배되었다는 주장 역시 그 증거를 찾기 힘들다. 1893년 벵갈(Bengal)에서 발행된 순례자를 위한 안내서 『띠르타무꾸르』*Tirthamukur*에는 아요댜가 서사시에 나타난 영웅이 태어난 곳이 아니라 오히려 죽은 곳이기 때문에 기념된다는 사실이

바부르 황제의 초상화

『람 행적의 호수』 책 표지

80 16-17세기 북인도에서 라마 신을 추앙하는 작품을 남긴 시인이다. 당시 북인도의 주요한 문학 용어였던 아와디(Awadhi)와 브라즈 바샤(Braj Bhasha)에 정통해서 이들 언어로 여러 작품을 남겼다. 그의 『람 행적의 호수』는 아와디어로 작성되었으며 람을 최고신으로 상정하고 그에 대한 절대적인 귀의만이 해탈에 이르는 길이라 강조하고 있다. 이 작품은 아직까지 북인도 힌두들의 사랑을 받아 널리 애송되고 있다.

언급되어 있다. 심지어 오늘날에도 신실한 힌두는 아요댜가 라마의 탄생지이기 때문에 종교 성지가 되었다는 이야기에 거부감을 느낀다.

3. 어떤 용어로 힌두뜨바를 설명할 수 있는가?

이제 좀 더 정확한 의미의 전달을 위해서 새로운 용어인 힌두 국가주의(Hindu Nationism)를 만들어 보자. 이 용어를 사용하면 힌두뜨바 진영의 사람이 세속적이고 다원적인 국가에서 힌두만을 위한 국가를 만들려고 하는 의도를 충분히 살릴 수 있게 된다. 동시에 이 용어는 힌두뜨바 단체가 표방하는 이미지에도 부합한다. 힌두 국가를 성립하기 위해 그들은 힌두가 아닌 사람들은 새로운 힌두 국가의 국민이 될 수 없다며 다른 종교의 사람을 체계적으로 공격한다.

(1) 힌두뜨바와 힌두 부흥운동

그렇다면 힌두뜨바 진영의 움직임이 19세기에 벌어졌던 힌두 부흥운동과 비슷하지 않은가? 둘 사이에는 몇 가지 유사한 점이 있지만 분명한 차이점도 존재한다. 19세기의 힌두 부흥운동은 다른 커뮤니티와 경쟁하기 위해 힌두를 규합할 목적으로 진행되었다. 1880년대 스와미 다야난드(Swami Dayanand)는 암소 보호 운동[81]에 매진했고 힌두의 숫자를 늘리기 위해 힘썼다. 그는 이슬람교와 기독교로의 개종에 대해서 반대하며 두 종교를 심각한 어조로 비판했다. 그에 의하면 이슬람교는 참을성이 없고 공격적이며 기독교는 미신으로 가득 차 있고 가난하고 글을 모르는 사람들이 믿는 원시적인 종교라고 비난했다. 동시에 그의 일생

81 암소 보호 운동은 힌두, 불교도, 자이나교도, 시크교도에 의해 학살되는 암소를 보호하기 위해 시작된 종교·정치 운동으로 1860년대 시작되었다. 하지만 1880년대 아리아 사마즈의 창시자였던 스와미 다야난드가 이 운동을 지지하면서 대중적으로 확대되기 시작했다.

스와미 다야난드

대부분을 힌두 의례와 관습을 개혁하는데 보냈다. 그는 전통적인 가르침과 신화에 대해 상당히 불만이었다. 따라서 다른 종교를 공격하는 한편 힌두교 내부도 변혁시키려 노력했다.

민족주의 운동의 초기 단계에서 사랄라 데비 쪼두라니(Sarala Debi Chowdhurani)[82]는 힌두의 종교 언어를 사용하여 힌두 세력을 통합하려 했다. 그녀의 행동은 힌두로서 자신감을 되찾고 긍지를 갖자는 것이었기 때문에 다른 종교를 공격할 필요가 없었다. 힌두 국가주의는 이러한 예들과는 완전히 다른 목적으로 힌두 이

---

82 1910년 알라하바드에 첫 번째 여성 조직 '인도 여성 대연합(Bharat Stree Mahamandal)'을 설립했다. 조직의 목표는 여성에 대한 교육을 촉진하고 확산 시키는 것이었다. 인도 각지에 사무소를 열어 인도 여성이 처한 상황 개선에 힘썼다.

사랄라 데비 쪼두라니

미지와 상징을 이용한다. 힌두가 아닌 타 종교인을 겁주고 힌두 국가에서 내쫓을 요량으로 그것들을 활용한다. 힌두교, 힌두 민족주의, 힌두 부흥운동, 그리고 힌두 국가주의는 많은 부분을 서로 공유하지만 그래도 위와 같은 절대적인 차이점이 존재한다는 점을 명심해야 한다.

4. 종교적 정체성, 커뮤니티 정체성, 커뮤널리즘

개인은 동시에 여러 개의 정체성을 갖고 있다. 젠더, 언어, 지역, 계급, 카스트, 국가, 종교 등이 정체성을 나타내는 요소로 작용한다. 간혹 이들 중 하나가 다른 것보다 더 부각되기도 한다. 이렇게 한 정체성이 특별하게 더 부각되는 때는 아마도 역사적인 변동이 있거나 새로운 변화가 시작되거나 하는 때일 것이다. 종교적 정체성은 인도라고 하는 나라에서 개인 혹은 집단의 정체성을 규정짓는 중요한 요소로 작용해 왔다. 한 종교 집단이 집합적이고 조직적인 종교 행동을 표현하고 그로 인해 이득을 얻기 위해서 타 종교와의 구별은 필수적인 것이다. 우리는 기나긴 전통을 통해 타 종교와 다름을 주장하는 것이 타 종교에 대한 적대감을 표출하는 것과는 구별된다는 것을 잘 알고 있다. 오히려 서로가 다르다는 사실을 인지함으로써 문화적 다양성과 풍요로움을 유지해 올 수가 있었다.

서로가 다르다는 인식이 서로를 미워하는 인식으로 바뀐 것은 커뮤널리즘적인 의식이 성장하고 부터이다. 커뮤널리스트들은 종교적 정체성만이 중요하며 그것은 동시에 다른 종교정체성에 대한 증오를 뜻한다고 주장한다. 그들은 자신의 종교정체성과 다른 이들을 비난하고 다양한 종교정체성이 오히려 자신들을 위협한다고 하고 있다. 즉 우리가 아닌 다른 사람은 곧 적이 되고 적과는 공존할 수 없는 상황이 된다. 적을 몰아낼 때까지 그들을 공격할 수밖에 없게 되는 것이다. 우리의 행복은 적의 괴멸로 얻어지는 것이다. 오늘날 인도는 종교적 차이로 생겨난 구분으로 인해 서로가 서로를 적으로 여기는 상황 속에 있게 되었다.

커뮤널리즘적 의식은 종교의 영역을 벗어나 다른 영역으로 가게 되면 훨씬 더 강력해진다. 두 종교의 사람들은 그들이 공유하는 것이 아무것도 없다고 느끼게 된다. 그들은 단순한 두 개의 종교 집단이 아니다. 인종과 문화, 그리고 역사가 완전히 다른 두 개의 분리된 집단이다. 19세기 말 북인도에서 데바나가리(Devanagari) 문자와 우르두(Urdu) 문자의 차이가 커뮤널리스트에 의해서 각 문자를 사용하는 사람들의 종교적인 차이로 탈바꿈했다. '나가리 촉진 협회(Nagari Pracharini Sabha)'[83]는 그 즉시 힌디를 산스크리트화 시켰고 우르두 역시 페르시아어화 되어 둘의 차이점은 더욱더 커지게 되었다. 분립 이후 동 파키스탄은 우르

83 1893년 바라나시(Varanasi)의 퀸스 컬리지(Queen's College)에 설립된 조직으로 '까시 나가리 촉진 협회'로도 불린다. 이 단체는 당시 널리 사용되던 까이티(Kaiti) 또는 까야티(Kayathi) 문자 대신 데바나가리 문자의 사용을 촉진하려는 목적으로 세워졌다.

두가 모든 무슬림의 모국어라 선언하기에 이르렀다. 이에 수많은 그 지역의 무슬림이 벵갈리라는 언어적 정체성을 상실하게 되었다. 이것의 원류는 훨씬 이전으로 거슬러 올라가는데 벵갈 지역에서 무슬림이 자신의 정체성을 강화하기 위해 벵갈리의 우르두화를 시도했던 것으로 파악할 수 있다. 언어적 사용에 있어서 종교적 분리는 종교의 차이가 전 영역에 걸쳐 적용될 수 있다는 성공적인 본보기를 남겼다는 점에서 중요하다. 이것으로부터의 교훈은 명확하다. 만일 아무것도 공통되는 것이 없다면 공통의 영토도 공통의 나라도 불가능하다는 것이다. 두 국가 이론은 대다수의 힌두와 무슬림이 격렬히 반대했음에도 불구하고 분리 독립으로 이어졌다.

5. 적대감을 만드는 이유와 요소

사람들이 다른 종교에 대해 적대감을 형성하는 문제는 쉽게 답할 수 있는 것이 아니다. 하지만 우리는 두 가지 다른 방향에서 생각해 볼 수 있다. 우선 다른 종교에 대해 적대감을 갖고 공격하는 이들의 작품, 조직적인 훈련, 집단적인 행동을 통해서 그들의 사상을 알아보자.

– 그들은 모두 사회의 지도층을 형성하고 있다. 사회적 혹은 정치적으로 영향력을 행사하는 부류하고 할 수 있다.

– 그들은 역사적으로 사회의 취약계층인 여성, 낮은 계급의 카스트, 노동자 계급이 안전, 행복, 평등에 있어서 동등한 자격을 주장하며 기존의 사회체제를 위협할 때 증오의 메시지로 그들 편에 섰다. 다시 말해서 기득권의 세력이 위협받게 되면 그러한 위협을 다른 종교 커뮤니티에 대한 적의로 치환했던 것이다.

19세기 말에 사회 개혁가들, 낮은 카스트 출신의 지도자들, 그리고 일부 여성들은 마을의 자원 분배 체계, 가부장적 체계, 그리고 카스트 권력에 항거했다. 또한 그들은 성적으로 평등한 법, 낮은 카스트와 여성이 교육 받을 수 있는 권리, 선거권의 보장 등을 주장했다. 영국 행정당국은 민족주의 운동과 식민 정부에 대한 비판을 상쇄하기 위해 그들의 요구를 들어줄 것이라 약속했다. 예를 들어 1910년에 센서스 위원이었던 게잇(E. A. Gait)은 불가촉천민(Untouchable)을 별도의 커뮤니티로 구분하여 1932년의 선거에 참여할 수 있도록 하였다.

(1) 사회 개혁 운동

이런 모든 발전은 그전까지의 권력과 특권에 관한 사회적 기반을 완전히 뒤흔들었다. 평등과 권리라는 새로운 개념이 등장하여 기득권 세력을 위협했다. 이를 저지하기 위해 기득권 세력은 사회의 소외 계층을 자신의 커뮤니티로 끌어들였다. 이를 위한 작업은 다음과 같이 진행되었다. 먼저 기득권 세력은 사회개혁을 통해서 억압받는 계층의 상황을 개선하고 동시에 자신의 특권을 어느 정도 양보하였다. 다른 한편으로 기득권 세력은 분할통치(divide and rule) 방식을 통해서 억압받는 계층을 분리해서 각각의 집단을 서로 다른 방식으로 다루었다. 20세기 초 인도는 이러한 두 가지 방식의 대응이 가장 활발히 일어나던 때였다. 인도 국민회의(INC, Indian National Congress)[84]는 대중적 지지를 기반으로 하여 반反식민주의 투쟁을 벌였다. 인도 국민회의당은 식민정부가 자행한 악행과 그것으로부터 고통 받은 노동자와 부족의 고통을 강조하면서 동시에 사회 취약계층을 포섭하고 통합하려는 노력을 펼쳤다. 하지만 이후 암베드까르(Bhimrao Ramji

84 1885년 봄베이에 설립된 인도의 가장 오래된 정당으로 반영 독립 운동을 주도했다. 지식인, 지주, 상인, 고리대금업자 등으로 구성된 정치 단체로서 영국과 인도 간의 관계를 긴밀하게 하고 영국의 인도 통치에 협력하기 위해 만들어졌다. 기본적으로 영국에 대해 우호적인 입장을 취했지만 불공정하고 불리한 부분에 있어서는 시정을 요구했다. 1905년 벵갈 분할령으로 영국에 반기를 들고 적극적으로 반영운동을 주도하게 되었다. 독립 이후에는 가장 지배적인 정당의 하나로 영향력을 유지해 오고 있다.

Ambedkar)[85]와 빼리야르(Periyar E. V. Ramasamy)[86]가 불가촉천민까지 동원하여 카스트 철폐 등을 주장하자 인도 국민회의당은 불가촉천민을 상대로 하는 투쟁을 벌이기도 했다. 가난한 소작농, 노동자, 여성 조직 등을 통해서 성장한 좌익 세력은 더욱더 급진적인 민족주의적 관점과 전략을 요구하게 되었다.

1935년 나식(Nasik)에서 연설 중인 암베드까르

께랄라(Kerala) 주 꼬따얌(Kottayam)에 세워진 빼리야르 조각상

1921년부터 간디와 킬라파트 운동이 힌두와 무슬림 양측의 소외되고 억압받는 계층을 대중운동에 참여하도록 독려했다. 개혁론, 대중운동, 좌익 세력의 결합과 좀 더 근본적인 차원의 평등에 관한 요구는 이전 시대 기득권 세력이 극복해야할 가장 큰 위협이 되었다. 그들에게는 대중 투쟁을 저지할 실질

---

85 인도의 독립 운동가, 정치인, 교육자, 인권 운동가이다. 인도의 불가촉천민(Dalit)들의 권익을 위해서 불가촉천민 식수권 운동, 불가촉천민 분리선거 운동, 집단 불교 개종운동을 이끌었다. 그는 인도의 독립보다 우선이 되어야 하는 것이 신분제 폐지와 인권이라 믿었기 때문에 카스트제도를 유지하고 분리선거를 인정하지 않았던 국민회의의 지도자 간디와 많은 충돌을 일으켰다. 암베드까르는 독립 이후 네루 내각의 초대 법무장관으로 임명되어 제헌 헌법 제정을 주관했다. 불가촉천민 출신으로 미국과 영국에서 박사학위를 받은 최초 인도인이다.

86 인도의 사회 운동가이자 정치인으로 자존운동(Self Respect Movement)과 드라비다 회담(Dravidar Conference)을 이끌었다. 이 때문에 '드라비다 운동의 아버지'라고도 불린다. 따밀나두 주를 거점으로 하여 브라흐만의 권위, 카스트 위계, 여성 억압에 대해 대항했다.

적인 무기가 필요했다.

6. 커뮤널리즘에서 대중 선동 방법

이렇게 강력한 커뮤널리즘은 종종 지엽적인 원인으로부터 시작되었다. 19세기 말 무슬림 방직공(julahas)은 힌두 방적공과 힌두 무역업자–대부업자 사이에서 고통 받았다. 힌두 방적공은 비싼 가격으로 실을 제공했고 힌두 무역업자와 대부업자는 상대적으로 싼 가격으로 옷감을 팔았다. 결국 비싼 실로 만든 옷감을 싸게 팔아야만 했던 무슬림 방직공은 힌두와의 접촉을 금지하고 소를 죽이는 이슬람 의례를 촉진하는 무슬림 개혁론자의 주장에 동조했다. 무슬림 방직공은 경제적 어려움과 문화적 차이를 결합하여 힌두에 대항하게 되었다. 그리고 동시에 자신들의 사회적 위치를 향상시키려 노력했다. 자신의 커뮤니티에서 인정받기 위해 그들은 소의 학살을 막으려는 힌두를 처치하는 폭력단의 일원이 되었다. 이와 비슷하게 힌두 목동 카스트(gwalas)도 자신의 의례적 지위를 향상시키기 위해 소의 학살을 시행하는 무슬림을 잡아들이는 역할을 수행했다.

현대 시대에도 우리는 불가촉천민 청소부 카스트(bhangis)가 반反무슬림 소요 사태에 앞장서서 발미끼(Valmiki)라는 새로운 이름을 가지게 된 것을 목격했다. 구자라뜨 주에서는 최근까지 달리뜨(Dalits)와 부족들이 반反무슬림 소요에 적극적으로 참여했고 이러한 결과로 힌두 커뮤니티에서 자신의 지위를 향상시킬 수 있었다. 이들이 함께 한 반反무슬림에 대한 폭력은 실제의 생활에 크게 도움이 되지 않았지만 비非힌두에 대해 적의를 갖고 하나로 응집할 수 있게 만들었다. 이 때문에 폭력적 소요는 때로 낮은 계급의 카스트가 의례적 지위를 향상시키는 산스크리트화의 과정으로 받아들여진다. 더욱이 한 번 시작된 폭력은 그 자체로 원동력을 얻게 된다. 서로에 대한 광범위한 불신은 평화로운 공존을 위협하며 끝없는 긴장 상태를 유발한다. 사회의 약자들은 강자로부터 벗어나 쉴 수 있는 안식처를 원하고 엘리트 그룹은 사회적 약자들이 지닌 육체적 힘을 필요로 한다. 다른 종교에 대한 폭력으로 이 두 집단이 연결될 수 있게 된다. 이 때문에 커뮤널리즘에서는 주기적으로 폭력이 동원되는 것이다.

20세기 초에 더욱 공고하고 조직화된 커뮤널리즘이 등장했다. 개종은 경쟁적으로 이루어졌고 이 때문에 폭력과 새로운 조직들이 계속해서 탄생했다. 개종은 10년마다 치러지는 센서스 조사에서 자신이 속한 종교의 신자 수를 더 늘리기 위해 아주 공격적으로 진행되었다. 다른 종교에 속한 남자가 자신의 종교를 믿는 여자를 납치했다는 루머는 아주 공공연한 것이 되었다. 납치에 대한 두려움은 신자 수를 잃는다는 상실감 이외에 미래의 종교 구성원까지도 잃는 것이기 때문이었다.

7. 힌두뜨바의 기원

1923년에 힌두 마하사바(Hindu Mahasabha)의 지도자였던 사바르까르(V. D. Savarkar)는 『힌두뜨바: 힌두는 누구인가?』*Hindutva: Who is a Hindu?*라는 책을 출간했다. 이 책은 힌두뜨바 이데올로기를 핵심적으로 담고 있는 책이라 할 수 있다. 그는 인도가 힌두의 문화를 담고 있는 땅이라고 보았다. 그리고 인도는 그것을 성스럽고 조상 대대로 이어져 오는 자신이 행동할 수 있는 곳이라고 믿는 사람들의 나라임을 주장했다. 여기에서 성스러운 땅(Punyabhoomi)은 개인이 종교적 성지라고 여기는 곳이 반드시 인도아대륙의 영토 안에 위치해야 함을 의미한다. 이러한 정의에 의하면 무슬림과 기독교인은 힌두가 될 수 없다. 왜냐하면 그들의 종교적 성지는 인도 밖에 위치하기 때문이다. 이제 그들은 자신의 원래 나라에서 추방된 사람, 비非인도인, 반反국가적인 사람들이 되었다. 1930년대 후반에 사바르까르의 뒤를 이으며 인도 민족봉사단의 이론적 체계를 설립한 골왈까르(M. S. Golwalkar)는 힌두가 인도에 있는 소수집단을 다스리는 방법은 히틀러가 유대인을 다스렸던 방법과 동일해야 한다는 주장을 펼쳤다.

사바르까르는 초년기에 혁명적인 민족주의자로 활동했지만 이후에 반(反)식민투쟁을 포기했다. 혁명적인 운동에 참여하고 있는 동안 그는 1857년에 일어난 세포이 항쟁에 대한 글을 썼다. 그에 의하면 세포이 항쟁은 민중의 봉기가 아니라 폐위된 황제의 음모로 시작된 저항이었다. 그는 세포이가 복수를 위해 무장하지 않은 연약한 영국 여성과 아이를 무자비하게 죽였다고 기록하고 있다. 따라서 힌두뜨바를 위해 만들어진 가치 체계는 여성과 아이처럼 취약계층을 고려하지 않은, 폭력과 복수를 동반한 영웅주의와 일치한다고 볼 수 있다. 그는 또한 인도 중세사에 관한 책도 몇 권을 썼다. 그는 시바지(Shivaji)[87]가 무슬림 적을 물리치면서 어떻게 왕비를 욕보이지 않았는지에 대해 비판했다. 그의 중세사는 무슬림의 침략이 전부를 차지한다. 무슬림이 힌두를 공격하고 약탈한 것을 빼면 다른 내용이 거의 없을 정도다. 더욱이 그는 무슬림이 인도 땅을 침략한 것은 영토에 대한 욕심과 함께 힌두 왕비에 대한 욕정이 큰 원인이었을 거라고 주장했다. 그에게 모든 무슬림은 외국에서 온 침략자였다. 무슬림은 힌두 여성을 탐하고 힌두 땅을 탐하는 침략자였다. 이러한 생각은 분립에까지 이어졌다.

사바르까르의 주장을 정리하면 다음과 같다.

– 인도는 힌두 단독의 소유이며 힌두를 제외한 모든 다른 사람은 외국으로부터

87 마라타 본슬레(Bhonsle) 가문 출신으로 1674년 라이가르(Raigad)에서 대관식을 거행하고 자신을 황제(chhatrapati)라 불렀다. 시바지는 무갈 제국, 골콘다(Golkonda)의 술탄, 비자뿌르(Bijapur)의 술탄 등과 때로는 동맹을 맺고, 때로는 전쟁을 벌였으며 동인도회사의 세력도 견제하면서 자신의 세력을 확장했다. 그는 당시 무갈 궁정에서 사용하던 페르시아어 대신 마라티(Marathi)어와 산스크리트를 사용하도록 촉진했다. 시바지의 중요성은 20세기 초 인도 독립운동 시기에 그를 힌두의 영웅이라 믿었던 일부 사람들에 의해 새롭게 조명되었다.

온 적이다.

– 무슬림은 항상 신성한 힌두의 영토와 순수하고 고결한 힌두의 왕비를 공격했다.

– 힌두는 남성의 자존심을 지키기 위해 당한 만큼 복수해야 한다. 반드시 똑같은 방법으로 갚아줘야 한다.

복수심이 힌두 남성과 힌두 여성의 이미지를 동시에 물들였다. 그는 여성들에게 힌두가 복수하고 승리하는 내용의 이야기를 아이에게 읽어줄 것을 권했다. 그는 기본적으로 어머니로서의 여성을 정의했다. 하지만 그가 가진 모성애의 이미지는 자식의 양육과 큰 관련이 없어 보인다. 그는 이상적인 어머니를 새끼에게 젖을 먹이면서 동시에 자신의 먹이를 살해해 피투성이가 된 암사자로 표현하고 있다.

사바르까르의 역사는 이상함과 어색함으로 특징 지워진다. 그는 힌두 커뮤니티 내부의 사회적 차이와 권력 관계에 대해서 침묵했다. 좀 이상할 수 있지만 그는 힌두 상층 카스트의 기원이 외래적일 수 있다고 생각했다. 그는 당시 서구에서 만연하던 인종설을 받아들여 상층 힌두 카스트는 아리아 인종 출신이라 주장했다. 아리아 인종은 외부에서 인도로 들어와 선주민을 무찌르고 그들을 낮은 계층의 카스트로 만들어버린 사람들이었다. 동시에 그는 두 인종 혹은 모든 인종이 오랜 기간에 걸쳐 결혼과 비밀스러운 성교를 통해 인종간의 차이가 없어졌다고 주장하며 인종적 차이에 대한 실망을 최소화하려 했다.

(1) 힌두뜨바와 애국심

우리는 사바르까르가 한때 민족주의자였다는 것을 알았다. 인도 민족봉사단은 반식민투쟁 운동에 참여한 적이 없었는데 추종자에게 애국심을 심어줄 수 있는가? 사바르까르가 만들고 민족봉사단이 발전시킨 애국심의 경우라면 대답은 "그렇다" 이다. 그들에게 애국심은 현재 진행되는 반反식민투쟁에 참여하지 않고 단지 과거에 공격받았던 것을 상상하고 그에 대한 복수를 열망하기만 하면 생겨나는 것이었기 때문이다. 전쟁은 애국심을 표현하는 가장 중요한 행동이 되었다.

그들은 19세기 말 반낌짠드라 짜또빠다야(Bankimchandra Chattopadhyaya)[88]의 소설 『환희의 수도원』*Anandamath*에서 애국심을 형성하는 중요한 요소들을 취했다. 그들은 매일같이 반데 마따람(Bande Mataram)[89]을 불렀다. 또한 이 노래가 진정한 국가國歌로 불리기를 희망했다. 이 때문에 그들은 라빈드라나트 타고르(Rabindranath Tagore)가 인도의 국가 '자나 가나 마나(Jana Gana Mana)'를 지은 진짜 이유가 사실은 영국의 조지 5세(George V)를 환영하기 위한 것이라는 유언비어를 퍼뜨렸다.

반낌짠드라 짜또빠다야

1907년 인도의 국기

(2) 힌두 여신으로서 조국

힌두 고행자가 무슬림 황제에 맞서 싸우는 내용을 보여주는 반낌짠드라의

88 인도의 소설가, 시인, 저널리스트이다. 그는 인도를 어머니 여신으로 형상화한 반데 마따람이란 시를 지어 인도 독립 운동에 참여한 사람들을 고무시켰다.

89 1882년 반낌짠드라 짜또빠다야가 지은 『환희의 수도원』에 수록된 시였으나 1896년 라빈드라나트 타고르가 인도국민회의에서 처음으로 노래했다. 이후 1905년 인도의 자유를 위한 행진에서 정치 노래로 사용되었다. 슈리 오로빈도는 반데 마따람을 "벵갈의 국가國歌"라고 평했다. 영국 정부는 이 노래와 노래가 실린 책을 전면 금지 시켰지만 대중들 사이에서 노래의 인기는 더욱더 높아져갔다. 1950년 어머니와 모국을 의미하는 반데 마따람의 첫 두 소절이 인도 공화국의 국가에 포함되었다.

소설은 민족봉사단에게 지극한 영향을 미쳤다. 소설에서 마을의 힌두가 자신들의 사원을 짓기 위해 이슬람 사원을 허물어야 한다며 무슬림을 공격하는 이야기가 등장하는데 이것은 힌두뜨바 진영이 그토록 찾던 내용이었다. 신격화된 조국을 위한 찬가는 전쟁의 노래가 되었다. 복수와 유혈사태가 신성한 만뜨라를 대신했다. 조국은 힌두 여신으로 그려졌다. 그녀는 새로운 힌두 국가의 성립을 위해 적들을 대량 학살하는 주인공이 되었다.

반낌짠드라는 초기에 사회주의와 평등주의를 옹호하는 글을 썼다. 그는 비참한 삶을 꾸려가는 힌두, 무슬림 소작농에 대해 관심이 있었으며 카스트, 계층, 젠더권력의 평등함을 추구했다. 그의 소설 『환희의 수도원』은 1770년 영국의 세금 수탈이 극에 달했을 시기에 닥쳐온 끔찍한 기근 이야기로 시작된다. 하지만 곧 소설의 어조는 바뀌고 굶주린 소작농들이 무슬림을 죽인 힌두 성자의 모습에 고무되어 폭력적인 군대를 만들게 되었다. 이제 기아로 굶주리며 황폐화된 죽음만이 난무하는 소설의 이야기는 전쟁 이야기로 바뀌었다. 소설의 배경은 피로 범벅이 되었다. 조국은 복수심에 가득 찬 여신으로 변신했다. 여신은 무슬림의 피를 원했다. 곡식으로 가득하고 평화로운 대지를 꿈꾸며 불렀던 노래는 무슬림을 학살하며 복수해주는 여신을 일깨우는 찬가가 되었다.

사실 반낌짠드라의 『환희의 수도원』은 그가 작가로서 계속적으로 실험했던 여러 시도들 가운데 하나가 반영된 작품이다. 하지만 민족봉사단은 그러한 작가의 의도를 뒤로한 채 자신들이 원하는 이미지만을 가져와 적과 폭력으로 도배되고 피로 낭자한 조국을 만들어냈다.

힌두뜨바는 단순한 커뮤널리즘이 아니다. 그것은 가난한 사람들의 행복을 위해 사회적 정의와 평등이라는 일반적인 해결책 대신에 폭력이라는 대안을 제시한다. 힌두뜨바의 사회적 사고는 아리아 사마즈와 그것이 부활하여 만든 19세기 정통 힌두 조직들로부터 깊은 영감을 받았다. 스와미 다야난드 자신은 힌두 전통의 많은 것을 비판했다. 신화, 뿌라나 문헌에 등장하는 수많은 의례들,

우상 숭배, 다신론, 사제들이 그의 주요 공격 대상이 되었다. 하지만 그는 결코 카스트 체계를 공격하지 않았다. 그는 말년에 이르러 힌두 전통보다 이슬람교와 기독교 전통을 혹독하게 비판했다. 이후에 아리아 사마즈를 따르는 사람들은 개종과 반反무슬림 캠페인에 뜻을 같이 하는 이들을 규합했다. 정통파들은 카스트 체계와 힌두 의례들을 옹호하고 브라흐만 사제 계급의 위상을 지지했다.

민족봉사단의 초기 지도자들은 그들의 선호에 있어 꽤나 개방적이었다. 골왈까르(Golwalkar)는 카스트가 사회 조직에 있어 가장 적절한 형태인 것처럼 군주제가 힌두 정치 조직에 있어서 가장 이상적인 형태라고 주장했다. 그는 민주주의가 서양에서 만들어진 것이라며 혐오했다. 하지만 결국 그와 민족봉사단은 독립 국가 인도가 헌법을 가진 공화국으로 설립되는 것을 따랐다. 그들이 원하지 않았던 모든 카스트, 젠더, 계층이 평등하게 시민권을 가지는 세속적 민주주의 국가가 탄생했던 것이다. 이는 민족봉사단이 구축해놓은 국가와 상당한 거리가 있었지만 당시의 상황 속에서 대중들을 움직이기 위해서 그들은 시대적 흐름을 따라야만 했다. 하지만 이후 민족봉사단은 민주주의를 반대하며 카스트, 군주제, 파시즘 등을 옹호했다. 그들의 의도는 매우 조직적이고 체계적으로 실행되었다. 훈련소와 학교, 대중매체, 정당, 종교 조직, 자선단체와 문화 단체들을 설립하고 자신들의 이데올로기를 발전시켰다. 이러한 모든 노력의 목적은 힌두를 위한 국가의 성립에 있다. 힌두 국가는 힌두만을 국민으로 인정한다. 힌두가 아닌 사람은 여성이든 아이이든 모두 적이 되어 처단되어야 한다. 힌두 여신의 조국으로서 힌두 국가는 비非힌두의 피로써 발전된다. 그들이 꿈꾸는 나라는 현재 세속적이고 민주적이며 평등하고 평화로운 인도와 전혀 다른 나라이다.

역자 후기

『베다, 힌두교, 힌두뜨바』는 인도 국립 자와할랄 네루대학교에서 인도 역사를 가르쳤던 세 분의 교수님이 대학생이 아닌 일반 독자를 위해 쓴 책이다. 그렇기 때문에 이 책은 어려운 개념도 알기 쉽게 설명되어 인도에 대해 잘 알지 못하는 사람들도 쉽게 읽을 수 있다. 역자도 네루대 중앙도서관 뒤편에 위치한 작은 서점에서 이 책을 구입한 후에 아주 몰입해서 단숨에 읽었던 기억이 있다.

세 분의 교수님은 현재 인도에서 유행하고 있는 힌두 원리주의자들의 정치적 선동에 맞서 그들이 주장하는 바가 역사적으로 입증될 수 없는 오류를 가진다는 점을 명확히 하려는 목적으로 이 책을 쓰셨다. 힌두 원리주의자들은 힌두라고 하는 종교 커뮤니티가 인도에 본래부터 거주하는 사람들이었다는 전제 아래 힌두가 베다 문헌을 작성한 아리아인이고 더 나아가 하랍빠 문명을 탄생시킨 장본인이라고 주장한다. 이러한 주장은 1947년에 영령인도가 인도와 파키스탄으로 각각 분리독립하게 되면서 부터 인도의 일부 역사가들과 고고학자들에 의해 체계적이고 점진적으로 구축되어 왔다.

2005년 발행된 책에는 인도 독자의 이해를 돕기 위해 다양한 일러스트가 삽입되어 있었다. 하지만 역자가 번역을 하면서 한국 독자들에게는 일러스트보다 사진이 훨씬 더 유용할 것이라 판단하여 책의 구성에 변화를 주었다. 그리고 역자는 본문에 나오는 용어에 대해 각주를 삽입하여 간략하게 서술되어 있는 부분을 보완하였다.

역자가 이 책을 번역하면서 느꼈던 어려움 중의 하나는 우리나라 외래어 표기

법으로 산스크리트와 같은 인도 언어의 발음을 정확히 표현하지 못한다는 점이었다. 이에 역자는 산스크리트처럼 이미 잘 알려진 용어를 제외한 모든 용어를 원래의 발음에 좀 더 가깝게 표기하려 했다.

『힌두 바로보기』는 한국외국어대학교 인도연구소 HK+사업단의 인도 대전환 총서 시리즈의 하나로 번역되었다. 이 책은 베다와 같은 인도의 고대 문헌 각각에 대한 개별적 연구가 아니라 총체적인 베다 문헌과 힌두에 대한 오늘날의 인식을 다루고 있다는 점에서 사업단의 1년 차 아젠다 '인도 역사의 근대적 구축'과 2년 차 아젠다 '힌두 정체성의 재정립'을 동시에 아우른다고 할 수 있다.

책이 번역되어 나올 수 있도록 도움을 주신 사업단의 김찬완 단장님과 김형준 선생님, 이지은 선생님, 김용정 선생님, 신민하 선생님께 마음속 깊이 감사드린다. 그리고 책의 아이디어와 본문 구성, 편집에 이르기까지 세심하게 신경써 주신 한국외국어대학교 지식출판콘텐츠원의 이병철 선생님께 깊은 감사의 말씀을 전한다.

모쪼록 이 책을 접하는 한국 독자들이 역자가 느꼈던 만큼의 재미와 흥미를 느꼈으면 하는 바람이다.

강명남
이문동 연구실에서
2019년 10월

색인

힌두 바로보기: 베다, 힌두교, 힌두뜨바

초판 인쇄 2019년 10월 24일
초판 발행 2019년 10월 31일

지은이 꿈꿈 로이, 꾸날 짜끄라바르띠, 따니까 사르까르
옮긴이 강명남

발행인 김인철
총괄·기획 가정준 Director, University Knowledge Press
편집장 신선호 Executive Knowledge Contents Creator
기획·물류 이현진 Planning Expert
사전·도서편집 정준희 Contents Creator
전자책·도서편집 장혜린 Contents Creator
도서편집 이병철 Contents Creator
이근영 Contents Creator
재무관리 하누리 Managing Creator
발행처 한국외국어대학교 지식출판콘텐츠원
02450 서울특별시 동대문구 이문로 107
전화 02)2173-2493~7
팩스 02)2173-3363
홈페이지 http://press.hufs.ac.kr
전자우편 press@hufs.ac.kr
출판등록 제6-6호(1969. 4. 30)
디자인·편집 (주)피플커뮤니케이션 02)733-9008
인쇄·제본 (주)트윈벨미디어 02)2088-1810

ISBN 979-11-5901-599-1 (03270) 정가 21,000원

HU:NE 은 한국외국어대학교 지식출판원의 어학도서, 사회과학도서, 지역학 도서 Sub Brand이다. 한국외대의 영문명인 HUFS, 현명한 국제전문가 양성(International +Intelligent)의 의미를 담고 있으며, 휴인(携引)의 뜻인 '이끌다, 끌고 나가다'라는 의미처럼 출판계를 이끄는 리더로서, 혁신의 이미지를 담고 있다.